Königs Fitness

Helena Rigatos

Herbert Woerlein

Rechtschreiben

Klasse 5/6

Bange Verlag

Über die Autoren
Helena Rigatos
Studium in Augsburg, Schulbuchgutachterin, unterrichtet Deutsch und Englisch und leitet den Aufbau der Staatlichen Realschule Affing. Von 2004 bis 2008 arbeitete sie im Bayerischen Staatsministerium für Unterricht und Kultus für die Stiftung Bildungspakt Bayern in den Bereichen Schulentwicklung, E-learning und Talentförderung.

Herbert Woerlein
Studium an den Universitäten Augsburg, München und Derby, Schulbuchautor, unterrichtet Deutsch und Englisch und leitet die Staatliche Realschule Neusäß, die Studienreferendare im Fach Deutsch ausbildet. Er ist Fachmitarbeiter des Ministerialbeauftragten und leitet regelmäßig Kurse an der Akademie für Lehrerfortbildung und Personalführung in Dillingen/Bayern.

1. Auflage 2010
ISBN 978-3-8044-1542-3

Lektorat: Michael Banse, Leipzig
Umschlaggestaltung: Steffen Schmitt
Zeichnungen: Rosanna Pradella, Ludwigsburg; Sven Palmowski, El Prat de Llobregat
Herstellung: PER Medien+Marketing GmbH, Braunschweig
Druck und Weiterverarbeitung: Finidr, s. r. o., Český Těšín

Inhalt

Vorwort

So arbeite ich mit dem Buch

Liebe Schülerin, lieber Schüler,

mit diesem Buch kannst du dein Wissen über die **Rechtschreibung** vertiefen und ergänzen. Du wiederholst Regeln, übst sie ein und wirst so sicherer bei der richtigen Schreibung der Wörter.

Die vorliegende Lernhilfe zeigt dir **den Weg zum richtigen Schreiben**, sodass du möglichst **schnell Erfolge** bei dir feststellen kannst.

Aufbau des Buches
Das Heft besteht aus sieben Fitness-Einheiten, jede Einheit aus vier Teilen:
Wissen, Kurs, Training, Check.
Wenn du jede Einheit systematisch durcharbeitest, bekommst du eine **sichere Grundlage und ausreichende Kenntnisse**, um die Aufgaben zu lösen. Das Heft ist so aufgebaut, dass du dir den Stoff in wohldosierten Portionen selbst aneignen kannst. Die Seiten sind in zwei Spalten angelegt: links die Aufgaben, rechts das Material, mit dem gearbeitet wird. Das erleichtert dir die Übersicht. Durch das **DIN-A4-Format** hast du viel **Platz**, um deine Lösungen **direkt hineinzuschreiben**.

1. **Wissen:** Hier erhältst du einen **Überblick über die wichtigsten Regeln der Rechtschreibung** zu dem jeweiligen Thema der Fitness-Einheit. Schau diese Grundfertigkeiten in jedem Fall noch einmal an, dann bist du sicher im Stoff.

2. **Kurs:** In diesem Teil wird dir alles Schritt für Schritt und mithilfe vieler Beispiele und Anleitungen vermittelt. **Konzentriere deine Arbeit besonders auf diejenigen Aufgaben, bei denen du noch Schwierigkeiten hast.**

3. **Training:** Hier kannst du dich noch **intensiver** mit dem jeweiligen Lernstoff auseinandersetzen und **üben**. Dabei ergibt es durchaus Sinn, die Aufgaben portionsweise durchzuarbeiten, entsprechend deinem Interesse und deinen eigenen Zielvorstellungen und den jeweils anstehenden Klassenarbeiten.

4. **Check:** Bei diesem abschließenden Übungsteil merkst du schnell, ob du alles beherrschst und fit für den Rechtschreibtest bist: Du kannst dein Wissen und Können hier **testen**. Zur erreichten Punktzahl findest du einen Kommentar zu deinem Leistungsstand mit entsprechenden **Tipps zur Weiterarbeit**.

Die Fitness-Einheiten sind in sich geschlossene Übungslektionen.
Dadurch musst du nicht das Buch systematisch von Beginn an durcharbeiten, sondern kannst auch gezielt, je nach deinen Fehlerschwerpunkten, Einheiten üben. Hast du aber grundsätzlich Schwächen beim richtigen Schreiben, lohnt sich der Einstieg bei der Fitness-Einheit 1.

So, und nun viel Erfolg beim Durcharbeiten!

Helena Rigatos, Herbert Woerlein

Vorwort

So arbeiten Sie mit Ihrem Kind in diesem Buch

Liebe Eltern,

Ihr Kind hat Schwächen in der **deutschen Rechtschreibung**. Sie möchten Ihrer Tochter oder Ihrem Sohn gezielt helfen, sich zu verbessern. In diesem Buch sind alle lehrplanrelevanten Themen und Aufgaben enthalten. Dadurch können Sie Ihr Kind optimal bei der Vorbereitung auf den Unterricht und auf Klassenarbeiten unterstützen.

Dieses Buch gliedert sich übersichtlich in sieben Fitness-Einheiten, die alle für die Jahrgangsstufen wichtigen Bereiche der Rechtschreibung behandeln. Die Konzeption des Buches verfolgt dabei das Ziel, die in den **Bildungsstandards** beschriebenen **Fähigkeitsniveaus** zu berücksichtigen. Die dort festgelegten **Kompetenzen** bilden die Grundlage für die Einheit Check. Aus den Tests und Testergebnissen am Schluss erfahren Sie, was Ihre Tochter oder Ihr Sohn noch üben und vertiefen muss.

Praktisch können Sie in mehrfacher Weise mit dem Buch arbeiten:

Gemeinsames Arbeiten mit dem Kind
Sie können mit Ihrem Kind jede Fitness-Einheit komplett gemeinsam durcharbeiten. Oder aber, Sie lassen, nach gemeinsamer Arbeit am Kursteil, Sohn oder Tochter den Trainingsteil selbstständig ausfüllen.
Den Check machen Sie dann wieder gemeinsam.
Das Buch ist so angelegt, dass Sie je nach Lernstand und Fähigkeit Ihres Kindes den Lernstoff dosieren können. Dabei hilft Ihnen die Gliederung in Fitness-Einheiten und jeweils in die vier Teile **Wissen, Kurs, Training** und **Check**.
Außerdem ist das Buch Seite für Seite in zwei Spalten angelegt. Links die Aufgaben, rechts das Material, mit dem gearbeitet wird. Diese Anordnung ermöglicht es, je nach Kenntnisstand Ihres Kindes vorab individuell die speziellen Aufgaben auszuwählen, bei denen Ihr Sohn oder Ihre Tochter in der Schule immer wieder Schwächen zeigt. Andere, die keine Probleme bereiten, können übersprungen werden. Die Einheit muss also nicht immer nach der Reihenfolge der Aufgaben erarbeitet werden. Durch das **DIN-A4-Format** ist **Platz** vorhanden, um Lösungen **direkt hineinzuschreiben**.

Selbstständiges Arbeiten des Kindes
Jede Einheit ist gleich aufgebaut. Somit ist es Ihrem Sohn oder Ihrer Tochter möglich, sich auch vollkommen selbstständig eine Einheit vorzunehmen und diese zu erarbeiten, ohne dass Sie dabeisitzen.

Gezieltes Wiederholen
Wenn Sie die Schwächen Ihres Kindes kennen, dann wählen Sie gezielt aus: spezielle Einheiten, bestimmte Aufgaben. Gliederung und Spaltenanordnung helfen dabei. So werden vorhandene Wissenslücken geschlossen oder Verständnisprobleme behoben.

Der unterrichtsbegleitende Kurs
Unterrichtsbegleitend können Sie die Einheiten nach und nach bearbeiten lassen. Wenn Ihr Kind an zwei Nachmittagen pro Woche eine Einheit bearbeitet, durchläuft es einen Kurs ohne viel Aufwand. Idealerweise beginnen Sie dann am Anfang eines Halbjahres mit den Fitness-Einheiten.

Ihrem Kind und Ihnen wünschen wir also viel Spaß bei den Übungen, ein entspanntes Lernen und natürlich den angestrebten Erfolg.

Helena Rigatos und Herbert Woerlein

Fitness-Einheit

Wissen

1 S-Laute, das – dass

Folgende Regeln helfen dir bei der Frage *‚s – ss oder ß?'*

1. Nach kurzem betontem Vokal (Selbstlaut) schreibst du meist ***ss***.

Beispiele: Fluss, Messer, fassen, küssen, pressen,

Bei der Beugung bleibt *ss* erhalten:

Beispiele: Fluss – Flüsse; fassen – sie fasst; küssen – sie küssten

2. Nach lang gesprochenem Vokal (Selbstlaut) und nach Diphtong (Doppellaut) schreibst du ***s*** oder ***ß***, aber nie ***ss***.

Beispiele ß: Gruß, gießen, heiß

Beispiele *s*: Maus, Mais, leise

3. Nach Konsonanten (Mitlauten) schreibst du immer ***s***.

Beispiele: Wels, Gans, hänseln, falls

4. Am Wortanfang schreibst du immer ***s***.

Beispiele: Stall, Sprache, stützen, singen, spitz, streng, so

5. Mit der Nachsilbe ***-nis*** verwandelst du Verben in Nomen. Im Plural (Mehrzahl) schreibst du ***-nisse***.

Beispiele: Verhältnis – Verhältnisse
Hindernis – Hindernisse

Folgende Hinweise und Tipps helfen dir bei der Frage ***das*** oder ***dass***?

1. Schreibung für ***das***:

das ist Artikel

Beispiele: Das Spiel hat gerade begonnen.
Ich wünsche mir das rote Band.

das ist Demonstrativpronomen

Beispiele: Es ist gesund, vor dem Wettkampf nur noch wenig zu essen. Aber das ist gar nicht so einfach. Ich werde mir das aber trotzdem vornehmen.

das ist Relativpronomen

Beispiele: Das Mädchen, das den Lorbeerkranz überreichte, ist die Tochter des Kaisers. Alle warten auf das Ende des Spektakels, das sich aber noch lange hinzieht.

2. Schreibung ***dass***:
dass ist Konjunktion (Bindewort)

Beispiele: Jeder Teilnehmer hofft, dass er den Sieg erringt.
Ich freue mich, dass Miltiades gewonnen hat.

Kurs

1 Wenn du Reimpaare bildest, findest du die Antwort auf die Frage ‚*s – ss oder ß?*' oft leichter.

Tipp: Achte besonders auf die Länge der Vokale (Selbstlaute).

Fitness-Einheit 1 S-Laute, das – dass

1. Reimpaare zu s

a Nase ➜ ____________________

b leise ➜ ____________________

c Haus ➜ ____________________

d Hast ➜ ____________________

e Rose ➜ ____________________

f lesen ➜ ____________________

g lösen ➜ ____________________

h brausen ➜ ____________________

2. Reimpaare zu ss

a Kissen ➜ ____________________

b essen ➜ ____________________

c müssen ➜ ____________________

d Pass ➜ ____________________

e Kessel ➜ ____________________

f Rüssel ➜ ____________________

g Schuss ➜ ____________________

h Ross ➜ ____________________

3. Reimpaare zu ß

a Ruß ➜ ____________________

b Floß ➜ ____________________

c reißen ➜ ____________________

d Fleiß ➜ ____________________

e gießen ➜ ____________________

f Klöße ➜ ____________________

g Fließ (veraltet für Bach) ➜ ____________________

h schließlich ➜ ____________________

2 Bilde einen „Reimzug“ mit insgesamt sieben Zugteilen. Benutze verschiedene Wortarten.

3 Eine Reihe kurzer Wörter schreibst du mit s. Präge dir diese Wörter im Wortspeicher ein und löse anschließend das Rätsel.

fast	ans
bis	ums
als	meist
was	los
uns	des
nichts	deshalb
etwas	aus
aus	rechts
es	links
ins	falls

1 Gegenteil von „alles“
2 Wir veranstalten eine Feier, „ ? “ Miltiades den Lauf gewinnt.
3 Das Tor zählt nicht, denn der Ball war vorher im „ ? “
4 Anderes Wort für „beinahe“
5 Personalpronomen (persönliches Fürwort) in der 3. Person Singular (Einzahl); er, sie, „ ? “
6 Gegenteil von „rechts“

Das Lösungswort findest du auf jedem Klavier 88-mal.

4 Auch die Wortfamilie kann dir helfen. „Mach jeder Wortfamilienspinne acht Beine!“

Beispiel:

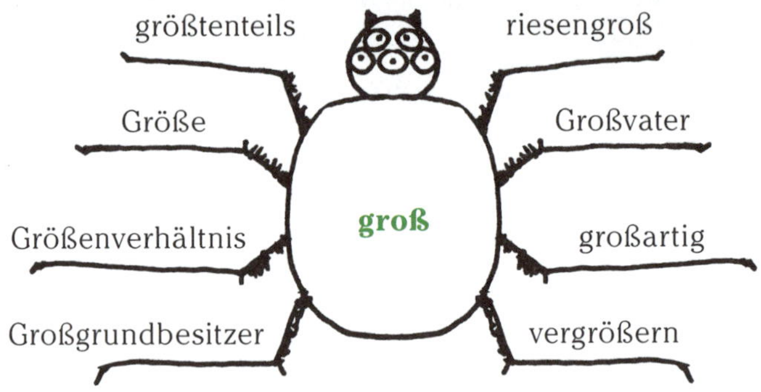

1.

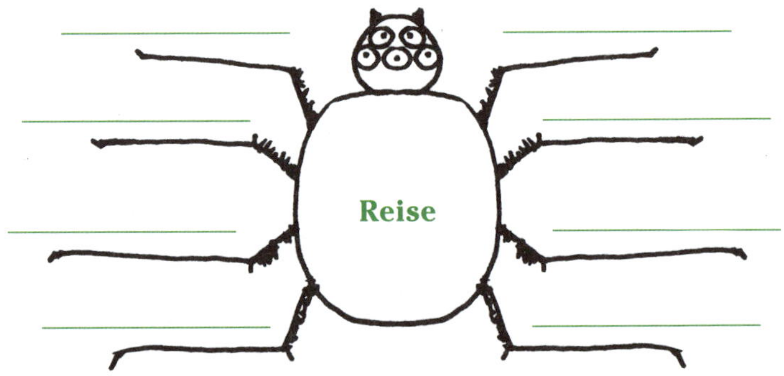

2.

3.

Kurs 1 S-Laute, das – dass

5 **Bei Wörtern mit ss schreibst du auch in der Beugung ss. Vervollständige die Tabelle.**

Singular	Plural
Schluss	Schlüsse
Schloss	Schlösser
Riss	
Nuss	
Engpass	
Fessel	
Einlass	
Fass	
Fluss	
Schüssel	

6 **Bei der Beugung von Wörtern mit ß schreibst du nach kurzem Vokal ss. Vervollständige die Sätze.**

1. Beim Kampf um Troja war das Schie_ß_en noch unbekannt. Die Gegner wurden nicht erscho____en, sondern mit dem Schwert oder dem Speer getötet. Ausnahme war das Bogenschie____en.
2. Beim Genie____en eines gefüllten Spanferkels kam Odysseus eine Idee. Nachdem er den Festschmaus geno____en hatte, teilte er den griechischen Kriegern seinen listigen Plan mit.
3. Odysseus durfte die Fesseln beim Gesang der Sirenen nicht zerrei____en. Wären sie zerri____en, so wären er und seine Mannschaft verloren gewesen.
4. Der Zyklop Polyphem konnte seine Höhle mit einem Felsen schlie____en. So waren er und seine Tiere durch den geschlo____enen Eingang geschützt.
5. Penelope beschlie____t, auf die Rückkehr des Odysseus zu warten. Dies hat auch Odysseus' Sohn Telemach so beschlo____en. Ihr gemeinsamer Beschlu____ wird belohnt, als Odysseus nach 20 Jahren nach Ithaka heimkehrt.

7 Kleines s – großer Unterschied! Ein zusätzliches s kann die Bedeutung eines Wortes vollständig verändern. Fülle die Lücken richtig aus und mache dir den Bedeutungsunterschied bewusst.

1. a Poseidon erklärte Zeus, er ha___ e Odysseus.
   b Das ist der Ha___e, den Telemach erlegt hat.
2. a Manche Krieger starben durch den Bi___ einer Schlange.
   b Es dauerte zwanzig Jahre, bi___ Odysseus heimkehrte.
3. a Poseidon ließ die Winde bla___en.
   b Odysseus blickte in die bla___en Gesichter seiner Gefährten.
4. a Für Odysseus war die Heimkehr zu Penelope ein Mu___ .
   b Auf dem Schiff ernährten sich die Krieger von Fleisch und vom Mu___ zerstampfter Früchte.
5. a Die griechischen Seefahrer waren blass um die Na___en.
   b Sie fürchteten, ihr Leben im na___en Grab des Meeres zu beenden.

8 Einige Wörter und Namen sind dir vielleicht unbekannt oder sie werden selten schriftlich verwendet. Schlag im Wörterbuch nach, setze richtig ein und präge dir die Schreibung ein.

1. das Goldene Vlie___
2. Atla___
3. Grie___
4. Klo___
5. Ody___ee
6. die Mu___en (Göttinnen)
7. A___yl
8. Ko___mos
9. I___land
10. Gro___britannien
11. Frie___land
12. Hade___
13. die Mu___e (freie Zeit)
14. nie___eln

9 Wenn du *das* durch „ein", „welches" oder „dies" ersetzen kannst, schreibst du *das*. Ist dies nicht möglich, handelt es sich um die Konjunktion (das Bindewort) *dass*. Ersetze passend und entscheide dich für *das* oder *dass*.

Beispiel: Das (dies) ist Zeus, der als Göttervater stets dafür sorgte, dass (kein Ersatz möglich) seine Kinder immer wieder im Olymp zusammentrafen.

1. ______ (______) Göttermahl, ______ (______) im Olymp stattfand, wurde von Hermes organisiert.
2. Hermes flog zu den einzelnen Göttern und teilte ihnen mit, ______ (______) Zeus und seine Gattin Hera zum Mahle luden.
3. Der hinkende Waffenschmied Hephaistos, ________ (______) war der Gott des Feuers, kam mit seiner schönen Frau Aphrodite.
4. ______ (______) auch seine Brüder zu ihm kamen, ______ (______) war Zeus besonders wichtig.
5. So kamen auch Poseidon und Hades. Hades, der Gott der Unterwelt, ließ seinen mehrköpfigen Hund Kerberos als Wächter zurück, ______ (______) niemand in den Hades eintreten oder daraus entkommen konnte.
6. Die Griechen brachten ihren Göttern Opfer dar. ______ (______), Tier, ______ (______) als Opfer vorgesehen war, legten sie auf den Altar.
7. Im Inneren des Tempels, in der *Cella*, befand sich ______ (______) Götterstandbild, ______ (______) verehrt wurde.

Training

1 S-Laute, das – dass

1 Ordne die Wörter aus dem Wortspeicher der jeweils zutreffenden Regel als Beispiel zu.

Tipp: Zu jeder Regel findest du 7 Beispiele im Wortspeicher.

Hindernis	Bekenntnis
Speise	weiß
strecken	Riss
ins	heiß
Zeugnis	Ärgernis
Wams	Rose
Linse	vermissen
Kissen	Größe
Franse	hässlich
emsig	Laus
Ross	Wiese
Geheimnis	streng
spielen	Bewandtnis
falls	Stab
Vermächtnis	Hans
fressen	leise
sie	massig
Salat	

1. Nach kurzem betontem Vokal (Selbstlaut) steht meist ss.
   Beispiele:

   ____

   ____

2. Nach lang gesprochenem Vokal (Selbstlaut) und nach Diphthong (Doppellaut) kann s oder ß stehen, aber nie ss.
   Beispiele:

   ____

   ____

3. Nach Konsonanten (Mitlauten) kann nur s stehen.
   Beispiele:

   ____

   ____

4. Am Wortanfang kann nur s stehen.
   Beispiele:

   ____

   ____

5. Die Nachsilbe -nis verwandelt Verben in Nomen. Im Plural (Mehrzahl) steht -nisse.
   Beispiele:

   ____

   ____

2 Kunterbunt. Ordne in die richtige Spalte ein.

wei♦	Ka♦iererin
Spei♦e	grau♦am
Wie♦e	Wa♦erfall
pa♦end	Grei♦
Ma♦band	Sto♦band
Nä♦e	Grie♦knödel
grü♦en	E♦e
schlie♦en	unpä♦lich
gra♦ig	au♦erhalb
Schleu♦e	Ma♦e
rie♦ig	

s	*ss*	*ß*

3 Entscheide dich für s – ss oder ß. Schlag im Zweifelsfall bei den Regeln nach.

Die Olympischen ___piele

Auf antiken Va___en ___ind Dar___tellungen olympischer Di___ziplinen fe___tgehalten. Die er___ten ___piele fanden 776 v. Chr. zu Ehren de___ Göttervater___ Zeu___ in Olympia ___tatt. Zugela___en waren damal___ nur Griechen. Während der ___piele mu___ten die Waffen ruhen, der Gotte___friede dauerte ___o lange, bi___ alle Athleten und Zu___eher angerei___t waren, er galt während der 5 Wettkampftage und schlo___ auch die Rückrei___e mit ein. Am er___ten Tag lei___teten die Teilnehmer vor der gro___en Zeu___tatue ihren Eid und schworen, nicht gegen die Regeln zu versto___en. Der zweite Tag begann mit dem Wett___treit der Trompeter. Unter to___endem Applau___ fanden Wagenrennen, Di___ku___wurf, ___peerwurf und ein 192 Meter umfa___ender ___tadionlauf ___tatt. Im Mittelpunkt de___ dritten Tage___ ___tand eine Fe___tproze___ion. Vor dem Altar de___ Zeu___tempel___ wurde ge___ungen und gebetet, abend___ gab e___ einen Opferschmau___. Der vorletzte Tag war geprägt vom Ringen und dem Fau___tkampf, am fünften und letzten Tag fand das Fe___te___en der ___ieger im Rathau___ von Olympia ___tatt.

Die___en er___ten ___pielen folgten zahlreiche ___piele. Beim Me___en der Kräfte standen nicht per___önliche Be___tlei___tungen oder Rekorde der ___uperlative im Mittelpunkt, diese waren gewi___erma___en vernachlä___igbar, vielmehr ging es au___chlie___lich darum, Erster zu ___ein. Gleichzeitig aber rückte damals schon das gegen___eitige Verständni___, der olympische Gedanke, in___ Zentrum.

Der ___chrift___teller ___okrates schieb im 4. Jahrhundert v. Chr.: „... Während de___ Fe___te___ bringen wir gemein___am unsere Opfer dar, verrichten gemein___am Gebete und werden un___ dabei un___ere___ gemein___amen Ur___prung___ bewu___t. Alte Freundschaften werden erneuert, neue Freundschaften werden geschlo___en. So lernen wir un___ gegen___eitig be___er ver___tehen. ...“

Im 4. Jahrhundert n. Chr. verbot der chri___tliche Kai___er Theodo___iu___ die ___piele. Eineinhalb Jahrtau___ende später wurden die ___piele im Jahr 1896 durch den franzö___ischen Baron Pierre de Coubertin in Athen wiederbelebt. Im Jahre 1924 wurden die ersten Olympischen Winter___piele veran___taltet.

4 das oder dass?
Wende im Zweifel die Ersatzprobe an und entscheide dann.

_____ sagenumwobene Troja

Die Schlacht um Troja ist nicht nur _____ erste, sondern wohl auch _____ eindrucksvollste Heldenepos des Abendlandes. Über die Ursachen gibt es verschiedene Spekulationen, aber Historiker sehen es als erwiesen, _____ die Griechen neidisch auf Troja waren. Troja hatte eine ideale Lage: _____ nordöstliche Mittelmeer war Hoheitsgebiet der Griechen, _____ Gebiet, _____ sich im Osten anschloss, gehörte den Hethitern. Die Trojaner kontrollierten damit _____ gesamte Handelsgeschehen nach Nordosten und häuften durch Zwischenhandel enorme Reichtümer an. Es leuchtet ein, _____ Griechenland nicht wollte, _____ _____ so weiter geht.

Zunächst war die Frage, ob die Hethiter ______ zulassen würden, ______ die Griechen Troja angreifen und belagern. Dadurch, ______ die Hethiter selbst im Süden und im Osten in Kämpfe mit den Assyrern und Ägyptern verstrickt waren, wurde die Ausgangslage erleichtert. König Menelaos, Agamemnon und Odysseus sahen ______ als günstige Gelegenheit und landeten mit mehr als hundert Schiffen an der Küste der Troas. ______ Gespräch mit dem trojanischen Stadtherrn König Priamos, durch ______ die Griechen bessere Handelsbedingungen erreichen wollten, brachte keine Ergebnisse. ______ Scheitern der Verhandlungen mit Priamos nahmen die Griechen zum Anlass, ______ militärische Ringen um Troja zu beginnen. ______ hochgelegene, von unüberwindlichen Mauern umgebene Troja hatte dabei die bessere Ausgangslage. Doch ______ bremste nicht die Angriffslust der Griechen. Sie fielen in ______ fruchtbare Hinterland Trojas ein, um durch ______ Plündern und Zerstören von 28 mit Troja verbündeten Städten den Feinden die Versorgung abzuschneiden. Zunächst beeindruckte ______ die Trojaner wenig. Sie wussten, ______ sie im Kampf gegen die Griechen alles geben mussten und ______ die Vorräte noch eine Zeit lang ausreichen würden. ______ war insgesamt doch beruhigend.

Auch zeigte sich immer wieder, ______ die befestigte Stadt ein Bollwerk war, ______ die Griechen nicht einnehmen konnten. ______ Kampfgeschehen, in ______ sich mehr und mehr die Götter einmischten, forderte auf beiden Seiten Opfer, so starben Achilles und Hektor. Schließlich entschied die List des schlauen Odysseus den Kampf um Troja. Die Griechen bauten ______ berühmte Holzpferd, stellten ______ Geschenk vor die Stadt und täuschten ihren Rückzug vor. Aus dem Pferd, ______ die Trojaner voller Freude in ihre Stadt gezogen hatten, stiegen nachts griechische Kämpfer und öffneten ______ Stadttor. ______ Blutbad, ______ nun folgte, und ______ Ende Trojas beschreibt der Dichter Homer in der *Ilias*.

5 s – ss – ß?
das oder dass?
Setze richtig ein.

Die Ody___ee

Neben der *Ilias* ist die *Ody___ee* da___ zweite Epo___, da___ dem Griechen Homer zuge___chrieben wird.

Da___ Werk, da___ die Heimkehr de___ König___ Ody___eus und ___einer Gefährten au___ dem Trojanischen Krieg erzählt, ent___tand im ___päten 8. Jahrhundert v. Chr. Homer beginnt da___ dichterische Unternehmen mit der Anrufung der Mu___e.

Nachdem Ody___eus und ___eine Männer Troja zehn Jahre belagert hatten, wollten ___ie nach ihrem ___ieg ___chnell nach Hau___e. Doch die Götter hatten beschlo___en, den von seiner Frau Penelope schmerzlich vermi___ten Helden er___t auf Irrwegen heimkehren zu la___en.

___o mu___te Ody___eus sieben Jahre bei der Nymphe Kalyp___o ausharren. Schlie___lich forderte der Götterbote Herme___ von der Nymphe, da___ sie den König von Ithaka entla___e. Auf einem Flo___, da___ Ody___eus ___ich ___elb___t gebaut hatte, verlie___ er die In___el Ogygia. Doch Po___eidon, ___ein Wider___acher, entfachte einen ___turm, ___o da___ ___ich der Held gerade noch al___ ___chiffbrüchiger auf die Insel Scheria retten konnte, wo er von Nausikaa und deren Vater König

Alkinoos ga___tfreundlich empfangen wurde. Ody___eus erzählte am Königshof zwei Abende lang seine Abenteuer:

Ein Erlebni___, da___ die Zuhörer ganz be___onders beeindruckte, war die Landung auf der In___el der einäugigen Zyklopen. Der Zyklop Polyphem ___perrte die ___eefahrer in ___eine Höhle und drohte damit, da___ er ___ie nacheinander auffre___e. Ody___seus erkannte ___chnell, da___ ___eine ganze Li___t gefragt war. Zunächst ___tellte er ___ich al___ „Niemand“ vor. Die Griechen boten Polyphem ___tarken Wein an und hofften, da___ da___ Täuschungsmanöver gelinge. Tat___ächlich berauschte der Wein den Zyklopen ___o ___ehr, da___ die___er in tiefen ___chlaf fiel. Mit einem glühenden Holzpfahl zer___törten die Männer Polyphems Auge. Al___ die anderen Zyklopen Polyphems Schmerzen___chreie hörten, eilten sie herbei. Doch kehrten sie ___chnell wieder um, al___ ___ie erfuhren, da___ „Niemand“ ihn verletzt habe. Ody___eus und ___eine Gefährten konnten Polyphem entkommen, indem ___ie ___ich an den Bauch der Schafe klammerten, die der Zyklop auf die Weide lie___. So pa___ierten sie den mit einem Fel___en verschlo___enen Eingang des Verlie___es, da___ da___ Scheu___al bewachte, indem e___die Rücken der Schafe beta___tete.

Fitness-Einheit

Check

1 S-Laute, das – dass

Entscheide dich für s – ss – ß beziehungsweise für *das* oder *dass*.

Da___ Orakel – der griechische Blick in die Zukunft

1. Orakelstätten, wie da___ von Delphi, waren heilige Stätten. Wer dem Orakel eine Frage stellen wollte, mu___te dafür bezahlen.

2. Auch wurde erwartet, da___ ein Opfer dargebracht wurde.

3. Schlie___lich hatte es sich eingebürgert, da___ eine schwarze Ziege geopfert wurde.

4. Da___ Opfer, da___ mei___t von Helfern getötet wurde, wurde verbrannt.

5. Nach dem Opfer durfte der oder die Rat___uchende den Tempel betreten.

6. Im Tempelinneren sa___ die Pythia, da___ bedeutet Priesterin, auf einem Dreifu___.

7. Durch da___ Kauen von Lorbeerblättern und da___ Einatmen von Dämpfen, die aus der Erde kamen, geriet Pythia in eine Art Exta___e.

8. Sie stie___ unverständliche und zum Teil scheu___liche Laute aus. Da___ wurde von Priestern gedeutet und in Versform als Orakel aufgeschrieben.

9. Sowohl gro___e Feldherrn als auch einfache Bauern suchten da___ Orakel auf, auf da___ sich die Griechen verlie___en.

10. Aus historischen Quellen wei___ man heute da___, was man vor zweieinhalb Jahrtau___enden wi___en wollte.

11. Oft waren die Wei___agungen der Pythia doppeldeutig. Berüchtigt ist die Prophezeihung an König Krösus: „Wenn du den Flu___ Halys überschreitest, wirst du ein gro___es Reich zerstören."

12. Daraufhin glaubte Krösus, da___ da___ Glück auf seiner Seite wäre. Siegesgewi___ zog der König von Lydien in den Krieg gegen die Per___er und zerstörte ein rie___iges Reich – nämlich sein eigenes!

Welchen Titel hast du dir erarbeitet?
Vergleiche deine Ergebnisse mit den Lösungen und gib dir für jede richtige Entscheidung einen Lorbeerzweig.

In der Übersicht kannst du ablesen, wie fit du bist.

Höchstzahl der Lorbeerzweige: 34

Olympiasieger/in: 34–31 Zweige = 100 % bis 90 %
Du bist super! Du hast die S-Laute prima im Griff! Gratulation!

Starke/r Athlet/in: 30–24 Zweige = 89 % bis 70 %
Gut gemacht! Die Regeln und Strategien bei S-Lauten sind dir weitgehend geläufig.

Wackere/r Kämpfer/in: 23–17 Zweige = 69 % bis 50 %
Du bist teilweise schon ganz sicher, teilweise fehlt dir aber noch die Übung. Arbeite den Wissensteil nochmals sorgfältig durch!

Müde/r Kämpfer/in: 16–0 Zweige = 49 % bis 0 %
Leider bist du noch zu unsicher im Umgang mit S-Lauten. Arbeite die komplette Einheit nochmals in aller Ruhe durch. Wetten, dass du anschließend deine Punktezahl deutlich steigern kannst?

Fitness-Einheit

Wissen

2 Dehnung und Schärfung

Dehnung

Lang gesprochene Vokale werden verschieden gekennzeichnet:

1. Dehnungs-h:
   Beispiele: *Zahl, Wahn*
2. ie
   Beispiele: *Ziegel, Ziel*
3. Doppelvokal:
   Beispiele: *Beere, Saal*
4. ß
   Beispiele: *Straße, Kloß*
   Auch nach Doppellaut:
   Beispiele: *schließen, weiß*

Es gibt aber auch viele lang gesprochene Vokale ohne Kennzeichnung:

Beispiele: Nase, Blase, Hose, Rose, Schwur, pur, Kur

Schärfung

Ein Vokal wird meist kurz gesprochen, wenn auf ihn zwei oder mehr Konsonanten folgen:
Beispiele: kalt, rasch, Kopf

Auch vor Doppelkonsonanten wird der Vokal kurz gesprochen:
Beispiele: Fall, Nuss, Kamm, Watt, Tonne, Stoff, Karren

ch, ck (kommt von kk) und tz (kommt von zz) werden wie Doppelkonsonanten behandelt.
Beispiele: *Sack, Dreck, dick, Schatz, spitz, Trotz*

Der Herr der Ringe

Der Herr der Ringe ist ein weltberühmter Roman des britischen Schriftstellers John Ronald Reuel Tolkien (1892 bis 1973). Das Werk wurde in drei Bänden veröffentlicht:

1. Die Gefährten
2. Die zwei Türme
3. Die Rückkehr des Königs

John Tolkien erfindet für seinen Roman eine ganze Welt und nennt sie Mittelerde. Nur für diese Fantasiewelt entwickelt er verschiedene Sprachen (die er fließend spricht) und er erschafft mehrere Länder mit sagenhaften Mythen und großen Legenden. Tolkien entwirft sogar eine umfangreiche Landkarte von Mittelerde mit Bergen, Wäldern und Seen.

Er beschreibt seine Welt so durchdacht und genau, so farbig und anschaulich, dass der Leser den Eindruck gewinnt, er befände sich mitten im Geschehen.

Auch seine Figuren erweckt er durch seine erstaunlich bildhafte Darstellung zum Leben.

Die Hauptfigur im Herrn der Ringe ist Frodo Beutlin, ein junger Hobbit aus dem malerischen Auenland. Hobbits sind friedliche und drollige Kreaturen: Sie sehen aus wie Menschen, sind aber klein wie Zwerge und haben riesige pelzige Füße.

Da Frodo früh seine Eltern verloren hat, wird er von seinem Adoptivvater, dem Hobbit Bilbo Beutlin großgezogen. Dieser vererbt ihm im hohen Alter seinen gesamten Besitz, in dem sich auch ein geheimnisvoller Ring befindet. Auf diesem steht eingraviert:
„Ein Ring, sie zu knechten, sie alle zu finden, ins Dunkel zu treiben und ewig zu binden."

Klingt unheilvoll – und das wird es auch …

Kurs 2 Dehnung und Schärfung

1 **Lies den Text aufmerksam durch. Einige Wörter mit langem oder kurzem Vokal sind unterstrichen. Spreche sie laut. Bemerke Unterschiede.**

Tipp:
Sprich das Wort im Zweifelsfall laut aus, das hilft dir, zwischen Länge und Kürze zu entscheiden. Auch die Wortfamilie gibt dir häufig einen Hinweis zur Schreibung. Und – wie immer: Verwende dein Wörterbuch!

Der Ring

Der Ring mit der rätselhaften Inschrift ist ein gefährlicher und unheimlicher Gegenstand. Er wurde geschaffen von Sauron, dem Herrscher des Bösen. Sauron hat den Ring heimlich geschmiedet und seine bösen Kräfte und Mächte auf ihn übertragen. Der Ring macht seinen Träger unsichtbar und ist daher von unschätzbarem Wert.

Leider verfällt jeder Mensch, der den Ring trägt, rettungslos seiner Macht und lässt sich von ihm beherrschen. Ohne es zu wollen, wird der Mensch gierig und unehrlich und so zum Werkzeug Saurons.

Viele Menschen verfielen so im Laufe der Jahre dem Bösen. Doch als Sauron seine Schreckensherrschaft auf ganz Mittelerde ausweiten möchte und die Macht an sich reißen will, benötigt er den Ring.

Um zu verhindern, dass Sauron nach der Macht greift und damit alle Wesen von Mittelerde, z. B. die feenhaften Elben oder die fröhlichen Hobbits, dem Untergang geweiht sind, bekommt Frodo den Auftrag, den Ring zu vernichten.

2 **Übertrage nun alle unterstrichenen Wörter mit lang gesprochenem Vokal in die Tabelle.**

Dehnungs-h	Doppelvokal	-ie	-ß
gefährlich			

3 **Trage nun die Wörter mit kurz gesprochenem Vokal ein.**

mehrere Konsonanten	Doppelkonsonanten	-ck	-tz

4 Finde die Reime.

Die geheime Botschaft

Hier geht es um das Dehnungs-h.

Hohn
M___
S___
L___

Kahn
B___
Z___
H___
W___

zahm
l___
n___
R___

Alle Wörter werden mit ie geschrieben.

Stier
h___
B___
T___
Z___
G___

Siege
W___
L___
St___
Z___
Kr___

Siebe
L___
Tr___
H___
D___

Doppelvokale und ß.

Tee
F___
Kl___
Schn___
S___

Spaß
M___
s___
Fr___

Doppelkonsonanten und Kurzvokal mit mehreren Konsonanten.

Sitte
B___
M___
Schn___

Kasse
G___
M___
R___
T___
Kl___

Sand
Str___
Br___
H___
R___
W___
B___
L___

Und noch die Langvokale ohne Kennzeichen.

Beben
str___
h___
n___
w___
L___

5 Die gelben Briefe enthalten eine geheime Botschaft. Um sie zu entschlüsseln, musst du das jeweils letzte Wort in die Lücken eintragen – der Reihe nach.

Keinen ________ , sondern nur ________ bringt die ________ nach dem Ring mit sich. ________ wurden geführt für ihn und so manche ________ stahlen ihn: Sie erhofften sich Gold und ________. Doch sie gaben alle ihr ________ beim Versuch, den bösen Ring zu beherrschen.

Lange Vokale ohne Kennzeichnung

Tipp: Nach sch, sp, q und p folgt auf den Langvokal nie ein h.
Beispiele: *Schar, Spuren, quer, pur*

Es hilft auch zu wissen, dass auf einen lang gesprochenen Vokal oft nur ein Konsonant folgt!
Beispiele: *Tag, Hut, Steg*

Die Reise beginnt

Frodo besitzt nun den unheimlichen Ring und bekommt vom weisen und mächtigen Zauberer Gandalf den Auftrag, ihn aus seiner Hobbit-Stube an die Stätte seiner Entstehung zu bringen. Der Ring wurde vor Jahrhunderten im Feuer der Schicksalsklüfte geschmiedet und kann nur dort vernichtet werden. Diese befinden sich im düsteren Land Mordor, was für Frodo eine lange und beschwerliche Reise zu Fuß bedeutet.

Auf seiner Reise wird er von guten Freunden begleitet, die ihm helfen und ihn beschützen – allen voran der große Zauberer Gandalf. Denn immer wieder versuchen höllische Ringgeister, die maßlosen Schrecken verbreiten, den Ring im Auftrag Saurons an sich zu bringen. Dazu kommen die regelmäßigen Angriffe von wilden Horden hässlicher und brutaler Orks. Diese Wesen sind tumbe und unmenschliche Kampfmaschinen, denen man besser aus dem Weg gehen sollte.

Frodo kann bald in den Augen seiner Freunde lesen, dass auch sie anfällig sind für die große und verführerische Macht des Rings. Schweren Herzens beschließt er daher eines Tages, die lebensgefährliche Reise alleine fortzusetzen. Er flieht tapfer in den Wirren eines Orksangriffs. Nur sein treuer Freund Samweis erkennt seine Absicht und folgt ihm – wild entschlossen, Frodo weiterhin wie einen Bruder zu begleiten.

6 Schreibe zehn Wörter mit lang gesprochenem Vokal (ohne Kennzeichnung) aus dem Text heraus und verwende für den langen Vokal die Farbe blau.

Frodo, nun, ________________________________

____

____

7 Im Text sind auch einige Wörter mit lang gesprochenem Vokal vor ß. Schreibe sie heraus und finde noch zehn weitere.

Fuß, ________________________________

____

____

____

Mit oder ohne Dehnungs-h?

8 **Fülle die Lücken. Fehlt ein h, so trage dies ein, fehlt keines, dann mache ein Kreuz. Im Notfall hilft dir wie immer dein Wörterbuch.**

Tipp: Das stumme h als Längenzeichen taucht sehr häufig vor l, m, n, und r auf.
Beispiele: *Zahl, lahm, Sohn, Rohr*

Zwischen zwei Vokalen steht immer ein h, das du aussprichst, d. h., es ist nicht stumm.
Beispiele: *gehen, Nähe, blühen*

Für Frodo und Samweis beginnt nun der unangene__me Teil der Reise. Ohne ihre sta__rken Beschützer sind sie unterwegs nach Mordor und ihr Weg ist trostlo__s, düster und gefä__rlich. Sie müssen die gruseligen Totensümpfe durchqueren und werden dabei von einem bedro__lichen Wesen verfolgt: Gollum.

Gollum war früher ein gewö__nlicher Mensch, aber nachdem er Ja__re im Besitz des Rings war, ist aus ihm eine wa__nsinnige und bösartige Kreatur geworden – immer getrieben von der unstillbaren Gie__r nach dem Ring. Frodo gelingt es dennoch mü__selig, zu Gollum ein Gefü__l des Vertrauens aufzubauen und für eine Weile wandern sie zu dritt.

Am schwarzen To__r, das nach Mordor fü__rt, angelangt, müssen sie erke__nnen, dass sie niemals hindurch ge__en können, ohne getötet zu werden. Gollum bietet an, ihnen einen geheimen Pfa__d zu zeigen, aber er lockt sie in eine heimtü__ckische Falle: Frodo wird von einer u__ralten Riesenspinne angegriffen und vergiftet, wä__rend Samweis von Gollum angefa__llen wird. Es sieht wa__rlich nicht gut aus für die Mission der beiden. Werden sie es wo__l schaffen, sich aus dieser ausweglosen Lage zu befreien und den unheimlichen Ring zu vernichten?

9 **Schreibe die Wörter mit Dehnungs-h aus dem Text und ergänze zwanzig weitere!**

unangenehm, ______________________________

____

____

____

____

____

Fitness-Einheit

Training

2 Dehnung und Schärfung

1 Doppelvokal, Dehnungs-h oder kein Längenkennzeichen? Fülle die Lücken und benutze gegebenenfalls ein Wörterbuch.

Die drei Worttürme

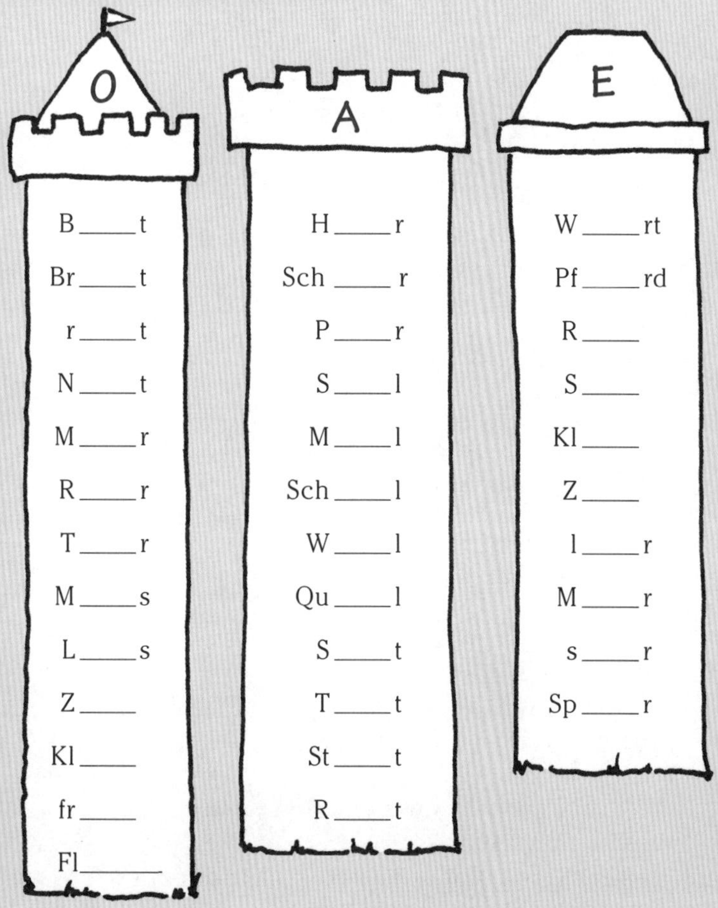

2 Fülle die Lücken.

k oder ck, z oder tz?

Die Ka___e mit der schwar___en Ta___e
fühlte großen Schmer___.
Ein ke___er Kater brach im Scher___
ihr armes Ka___enher___.

Sie seuf___te und war kran___,
ließ gar den Spe___ im Schran___
und wünschte sehnlich nur ein Stü___
vom schmal___ig-süßen Ka___englü___.

Nach langer Qual erhob die Katz'
sich kur___ von ihrem Fensterpla___
und fing mit einem weiten Sa___
vom Dach den di___sten Spa___.

Fitness-Einheit

Training 2 Dehnung und Schärfung

3 Wie viele Wörter schaffst du? (Es sind über zwanzig!)

Wortsalat

R- n- T- m- F- S- v- B- D-	l- z- G- g- f- L- h- K-	ie	-se -s -sel -r -ne -ber -ßen -fer -be -hen -b

Riese, ______________________________

____

____

____

____

4 Gollum hatte Hunger. Er hat sich jedes i und jedes ie einverleibt. Wende die Regeln an und rekonstruiere die Wörter.

i oder ie?

Bld,
Bst, Bss, Btte,
bten, bder, Dner, dck,
Dnst, Db, Dng, fnster,
Fnger, flcken, Knd, Lnde, Mst, mld,
Nre, Rss, Rnd, Rnne, Rgel, rsig, Snn,
Stz, schcken, Tsch, Trb, Tnte, tf,
Wse, Wld, Wssen, Wtz, wgen,
Zgel, Zr, zhen, Zmmer,
Zmt, Znn

Bild, ______________________________

____

____

____

____

5 Findest du alle Wörter mit kurzem Vokal und das Lösungswort?

Rätsel

Kleidungsstück
weißes Pferd
Kriechtier
enger Weg
Hahn
Der Fisch ist im …
Donner und …
nicht hungrig
Weihnachtsbaum
klingelt morgens
fiebrige Erkältung

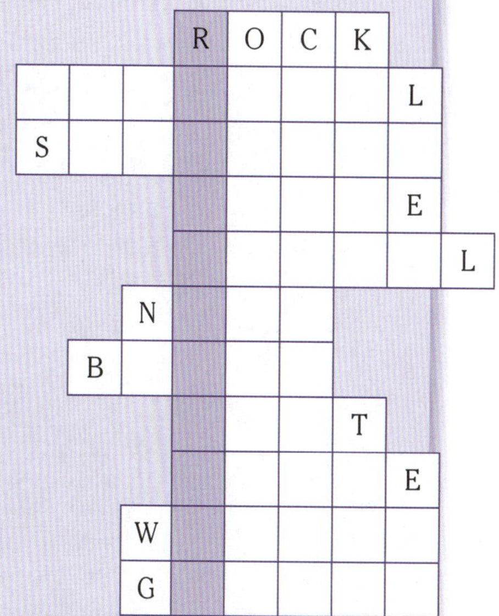

Lösungswort: ____________________

6 s, ss oder ß?
Finde mindestens zwanzig Wörter!

KL FL N K F STR B H SCH R	A E I O U	S SS ß	E

Klasse, ____________________

____

____

____

____

Fitness-Einheit

Training 2 Dehnung und Schärfung

7 Der schreckliche Sauron hat den wilden Orks einen Geheimbefehl geschickt. Gandalf konnte ihn aber abfangen und verhexen.
Nun verstehen die dummen Orks gar nichts mehr.
Aber du kannst die Botschaft entschlüsseln!
Schreibe ganze Sätze.

Der geheime Befehl

Ihr müsst Frodo fa en und ihm meinen Ring entrei en.

____

____

Ihr erke t Frodo an seinem entschlo enen Bli , dem wi en H r und an seinen gro en Fü en mit Pel .

____

____

Folgt ihm mit eurem H r stu und ohne Gebrü im Scha en der Nacht und verli rt seine Sp r nicht.

____

____

Meine schre lichen und s lenlosen Ringgeister auf ihren fl genden Ro en werden euch begleiten und unterstü en.

____

____

Wä lt die Mi agsstunden für den Angri , aber ne mt euch vor der M cht des Zauberers Gandalf in Acht!

____

____

Entrei t Frodo den Ring, schleudert eure Sp re auf seine Gefä rten und genie t euren S g, ihr tapferen Kr ger!

____

____

Überla t den Ring n n dem Schu meiner Ringgeister, die ihre Treue zu mir mit einem Schw r bes gelt haben.

____

____

Euer Lo n wird ein unerme licher Goldscha sein.

____

Jetzt kannst du deine Stärken ausspielen: Fülle die Lücken und wende die Regeln an. Manchmal bleibt die Lücke auch leer.

Entscheidung am Schicksalsberg

Sam hat es durch eine geniale Id__ tatsächlich gescha__t, sich zu befreien und Frodo zu re__en. Ohne Na__rung und schu__los schle__en sich die beiden durch die L__re und die Kälte von Mordor zu ihrem Z__l: den Schicksalsklüften.

Sie durchqueren so manchen Gra__ben, so manchen Flu__ und so manches To__r, immer noch verfolgt von Gollum und einer Arm__ von Orks.

Am Fu__ des Schicksalsberges kann der entkräftete und wa__nkende Frodo nicht mehr widerste__en und ergibt sich der M__cht des Ringes: ansta__ den schre__lichen Ring im Feuer zu vernichten, ste__t er ihn an seinen Finger. Ein fataler Fe__ler: Sofort erke__t Sauron seine wa__re Absicht und he__t Frodo seine Ringgeister nach.

Gleichzeitig kr__cht auch Gollum aus seiner De__ung, bre__end darauf, Frodo den Ring zu entrei__en. Er fä__t Frodo wild kreischend an und bei__t ihm nach einem schmer__haften Gerangel den Ring zusa__en mit dem Finger ab. Berauscht von seinem erse__nten Gewinn stür__t Gollum im Freudentaumel mit dem Ring in die hö__ische Feuerschlucht.

Damit ist Saurons Schre__ensherrschaft beendet und der rechtmä__ige König kann seinen Thron besteigen. Mittelerde ist gere__et. Samweis heiratet seine gro__e L__be Rosi und wie es mit Frodo weitergeht, solltest du unbedingt nachle__sen!

Welchen Titel hast du dir erarbeitet?
Vergleiche deine Ergebnisse mit den Lösungen und gib dir für jede richtige Entscheidung einen Ring.

In der Übersicht kannst du ablesen, wie gut du bist.

Höchstzahl der Ringe: 40

Heldenhafte/r Hobbit: 40–36 Ringe = 100 % bis 90 %
Spitzenklasse! Du gehst meisterhaft um mit dem Phänomen Dehnung und Schärfung. Prima!

Starke/r Hobbit: 35–28 Ringe = 89 % bis 70 %
Bis auf Kleinigkeiten hast du die Thematik durchschaut. Denke daran, im Zweifelsfall das Wörterbuch zu befragen!

Wackere/r Hobbit: 27–20 Ringe = 69 % bis 50 %
Ganz sicher sitzen die Regeln zur Dehnung und Schärfung bei dir noch nicht. Präge dir nochmals den Wissensteil ein!

Müde/r Hobbit: 19–0 Ringe = 49 % bis 0 %
Ach herrje – das ist daneben gegangen. Sicherlich bist du enttäuscht. Sei nicht frustriert und nimm dir nochmals das gesamte Kapitel vor – dann kannst du deine Ring-Ausbeute sicher deutlich steigern!

Wissen

3 v – w – f – pf – ph

Im folgenden Kapitel wollen wir einen Blick auf die Buchstaben **v, w, f, pf** und **ph** werfen.

f und pf

Du verwechselst f und pf niemals, wenn du das fragliche Wort laut und deutlich aussprichst. Ein Beispiel: Sprich das Wort *fad* laut aus und dann das Wort *Pfad*. Verwechslung ausgeschlossen, nicht wahr?

v und w und f

Der Buchstabe **v** hat eine Besonderheit: Manchmal wird er wie w gesprochen, manchmal wie f!

Beispiele:
Violine: Du sprichst ein w.
Vollmond: Du sprichst ein f.

Die Gefahr eines Rechtschreibfehlers ist hier gegeben.
Doch keine Panik, ein **Tipp:**
Im Zweifelsfall hilft dir wie immer das Wörterbuch!

f – ph

Eine Fehlerquelle sind auch Wörter mit ph, die falsch mit f geschrieben werden könnten.

Beispiele:
Physik, Phantom

Du erkennst sie aber daran, dass sie immer Fremdwörter sind. Sie gehen auf einen griechischen Ursprung zurück.

Michael Ende
(12. November 1929 – 28. August 1995)

Der deutsche Schriftsteller Michael Andreas Helmuth Ende zählt zu den erfolgreichsten Schriftstellern des 20. Jahrhunderts.

Er wird in Garmisch-Partenkirchen geboren und **v**erbringt seine Kindheit in München. Nach dem zweiten Weltkrieg lässt er sich zum Schauspieler ausbilden und arbeitet später für den Bayerischen Rundfunk.

Erst mit knapp 30 Jahren beginnt er, Bücher zu schreiben und bekommt dafür zahlreiche Buchpreise verliehen: insgesamt 41.

Seinen Weltruhm **v**erdankt er **v**or allem dem phänomenalen Erfolg seiner fantastischen Kinderbücher, die seit Generationen für junge Leser die geheimnis**v**olle Pforte zu einer anderen, aufregenden Welt darstellen.

Wer ist nicht mit Jim Knopf und Lukas dem Lokomoti**v**führer durch Lummerland gezuckelt, wer hat nicht mit Momo und der unfassbar langsamen Schildkröte Kassiopeia gegen die grauen Herren gekämpft und wer hat nicht mit Bastian Balthasar Bux **v**erzweifelt nach einem Namen für die Kindliche Kaiserin gesucht?

In Michael Endes Werken, die **v**or Kreati**v**ität, Einfallsreichtum und intensi**v**er Vorstellungskraft nur so strotzen, geht es häufig um die Macht der Fantasie und um den Wert von Freundschaft, Wahrheit und Menschlichkeit.

Die unendliche Geschichte und Momo wurden mit großem Erfolg für das Kino verfilmt, während Jim Kopf und Lukas der Lokomotivführer als Marionetten seit vielen Jahren die Besucher der Augsburger Puppenkiste zum Lachen bringen.

Fitness-Einheit

Kurs 3 v – w – f – pf – ph

1 Die Bilder zeigen Wörter mit v, w, f oder pf. Schreibe sie der Reihe nach auf.

2 Hier ist einiges durcheinander geraten. Kannst du die Wörter rekonstruieren? Nimm einen Notizblock zur Hand.

V: IRVUS, TAVINIM, TAVER, OLVK, TOLLKORVNBRO
W: ANWNE, OGWE, LKEWO, TZIW, RWEK
PF: ADFP, UNDPF, OSTEPFN, IFFERINPFGL, MERDEPHITS
F: AUSFT; ALLF, ARFBE, FCHSU, INGFER

3 Welchen Laut hörst du in den Wörtern? Trage entsprechend in die Tabelle ein.

November, Vorhang, versäumen, Motiv, Ventil, Vegetarier, kreativ, Vorteil, vergessen, Lavendel, Vieh, Verb, Verkehr, unvergessen, voll, Vogelscheuche, Revolver, violett, Veilchen

w-Laut	f-Laut

4 **Finde zehn weitere Wörter mit v und erstelle eine Tabelle.**

5 **Finde die Paare.**

Tipp: Es gibt nicht viele Wörter mit der Buchstabenverbindung ph:
Für Phantasie darfst du auch Fantasie schreiben. Das gleiche gilt für Photo und Foto.

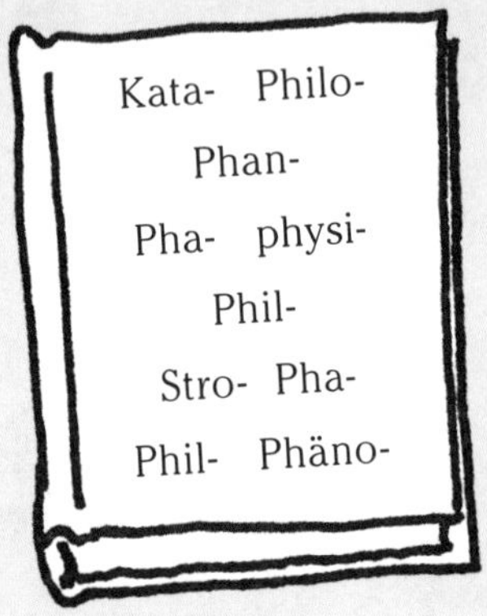

Katastrophe, ______________________

____

____

____

____

6 **Im Kreuzworträtsel sind elf Namen versteckt. Finde sie alle.**

T	F	V	E	R	A	L	P	H	N	M	G	D
R	O	E	V	T	R	L	W	E	R	N	E	R
E	Ö	R	C	F	E	R	D	I	N	A	N	D
P	R	O	X	R	S	O	P	H	I	A	F	L
F	D	N	A	I	A	W	Ü	R	B	V	C	P
I	B	I	S	E	V	A	L	E	N	T	I	N
N	O	K	T	D	W	O	L	F	G	A	N	G
N	Q	A	V	A	N	E	S	S	A	S	X	S

Vera, ______________________

____

____

____

____

7 Die Sätze sind durcheinander gepurzelt.
Füge die fehlenden Buchstaben ein und nummeriere die Sätze dann in der richtigen Reihenfolge.

Jim Knopf und Lukas der Lokomotivführer

☐ Der __iffige Junge fühlt sich sehr __ohl in seiner neuen Heimat, aber eines Tages ist die Insel zu klein für all die __ielen Bewohner.

☐ Per Post und ohne __orankündigung kommt plötzlich ein schwarzer Junge auf die kleine und __eine Insel Lummerland.

☐ Nach langer und au__regender Seereise landen sie un__erhofft in China, wo schon spannende Abenteuer auf sie __arten.

☐ Die __erblüfften Bewohner nehmen ihn liebe__oll auf und geben ihm den Namen Jim.

☐ Jim und sein __reund Lukas __erlassen daher die Insel mit der Lokomoti__e Emma.

☐ Und zum Schluss __inden sie sogar noch einen __eg, nach Lummerland zurückzukehren.

☐ Sie treffen auf einen aggressi__en Drachen und einen (zunächst) __urchterregenden Scheinriesen. Am Ende retten sie sogar eine liebliche Prinzessin.

Training

Fitness-Einheit

3 v – w – f – pf – ph

1 Die Schildkröte Kassiopeia ist mit schlammigen Füßchen über die Seite gepatscht. Finde die fehlenden Buchstaben.

Momo

Momo ist eine der bekanntesten Figuren aus Michael Endes ___eder. Sie ist eine ___aise und lebt glücklich und bescheiden in der alten Ruine eines Am___itheaters. Auf den ersten Blick wirkt das Mädchen etwas ___erwahrlost, aber durch ihre ___ähigkeit anderen zuzuhören und die richtigen ___ragen zu stellen, hat sie viele ___reunde, die sie mit Pro___iant und dem Nötigsten ___ersorgen.

Alles ändert sich, als eines Tages grau gekleidete Herren in der Stadt auftauchen. Sie rauchen Zigarre und reden den Menschen ein, sie dürften keine Zeit mehr ___erschwenden, sondern müssten nur noch ihre ___lichten erledigen und nützliche Dinge tun. Für die schönen und positi___en Momente bleibt keine Zeit mehr. Ein ___riseur soll zum Beispiel nicht mehr mit seinen Kunden plaudern und seine alte Mutter, die er bisher täglich besucht hat, zur ___lege in ein Altenheim abschieben.

Momo

Auch Momo wollen die grauen Herren von der Zeitsparkasse zum Zeitsparen auffordern. Durch Momos Talent, ___ahrhaftige Gespräche zu ___ühren, ___erplappert sich aber einer der ner___ösen grauen Herren und ___errät ihr das große Geheimnis: Diese Herren ___erbrauchen die gesparte Zeit für sich selbst: Sie leben von der angesparten Zeit der Menschen, indem sie getrocknete Stundenblumen (eine Stundenblume entspricht einer eingesparten Stunde) zu Zigarren rollen und rauchen. Die Menschen werden so um ihre Zeit betrogen, wollen das aber trotz Momos flehentlicher ___arnungen nicht ___ahrhaben. Sie sparen ___leißig Zeit und ___ergessen im Jetzt zu leben.

Als fast die ganze __elt von den grauen Herren kontrolliert wird, schaltet sich Meister Hora ein. Er ist der geheimnisvolle und __eise Herr über die Zeit und hält diese an, um den grauen Herren den Zeitnachschub zu __erwehren. Die Erde steht plötzlich still und es liegt nun an Momo, sie zu retten. Ganz alleine, nur mit einer __elkenden Stundenblume in der Hand und der hellseherischen Schildkröte Kassiopeia als Begleitung, stellt sie sich mutig den grauen Herren entgegen …

2 **Füge die fehlenden Buchstaben ein. Zur besseren Übung kannst du auch den Text abschreiben.**

Die unendliche Geschichte

Der el__jährige Bastian Balthasar Bux befindet sich in einer unglücklichen __ase seines Lebens. Seine Mutter ist gestorben, mit seinem __ater __ersteht er sich nicht, __reunde hat er keine und in der Schule wird er nur gehänselt.

Bastian __lüchtet sich in die __elt der Bücher und eines Tages __ällt ihm ein Buch mit dem Titel „Die unendliche Geschichte“ in die Hände. Es geht um ein __underbares Reich namens __antásien, das vor dem Untergang steht. Seine Herrscherin ist todkrank und es wird nach und nach von einem bedrohlichen Nichts __erschlungen.

Bastian will es zunächst nicht __ahrhaben, aber es stellt sich heraus, dass er den __ortgang der Geschichte beein__lussen kann. Er zögert lange und traut sich nicht zu, das wunder__olle __antásien zu retten. Doch kurz vor der Katastro__e __asst er sich ein Herz und greift ein. Er rettet die Herrscherin, indem er ihr einen Namen gibt. Und plötzlich befindet er sich mitten in der Handlung! Aber das ist erst der Anfang …

Check

3 v – w – f – pf – ph

Nun kannst du zeigen, dass die Buchstaben v – w – f – pf – ph überhaupt kein Problem für dich sind. Fülle die Lücken und kreuze die korrekten Aussagen an.

Wie gut kennst du die berühmtesten Romanfiguren von Michael Ende?

Bastian Balthasar Bux

- ☐ ist ein schüchterner Junge, der ein __reudloses und einsames Dasein __ristet.
- ☐ ist ein armer Tro__ mit Zo__ und hat seit __ierzehn Jahren Schnu__en.
- ☐ sehnt sich nach echten __reunden und der Liebe seines __aters.
- ☐ ist ein __eltbekannter Pro__isportler mit unbefristetem __ertrag und Pri__atjet.

Jim Knopf und Lukas der Lokomotivführer

- ☐ sind liebens__erte und __iffige Marionetten__iguren der Augsburger Puppenkiste.
- ☐ __erlassen __agemutig ihre Insel und ihren König Alfons den __iertelvorzwölften und treten eine ge__ährliche Seereise an.
- ☐ sind ge__ürchtete Seeräuber und ent__ühren eine __underliche Prinzessin mit __arzen und Dauer__elle.
- ☐ sind eine moti__ierte Nachwuchsband aus Skandina__ien mit __iloso__ischen Texten.
- ☐ sind überhaupt keine __egetarier und jagen daher in ihrem Re__ier __undige __ingstochsen mit __eil und Bogen.

Check

Momo

☐ ist eine __inzige Kräuterhexe, die Zeitmaschinen __ertigt, __erzaubert und __erkauft.

☐ lebt in einer unge__öhnlichen Unterkun__t und __erbringt relati__ __iel Zeit mit ihren Freunden, denen sie intensi__ zuhört.

☐ ist eine ta__ere kleine Heldin, die die ganze __elt rettet und dabei __urchtlos ihr Leben riskiert.

☐ ist eine große Monstermotte mit __ier __lügeln und einem __ioletten Kreuz __orne auf dem Bauch.

Was hast du dir erarbeitet?
Vergleiche deine Ergebnisse mit den Lösungen und gib dir für jede richtige Entscheidung eine Stundenblume.

In der Übersicht kannst du ablesen, wie gut du bist.

Höchstzahl der Blumen: 50

Blumenmeer: 50–45 Blumen = 100 % bis 90 %
Toll! Du gehst sehr sicher mit den Buchstaben v – w – f – pf und ph um. Du kannst stolz auf deine Leistung sein.

Blumenstrauß: 44–35 Blumen = 89 % bis 70 %
Es gelingt dir weitgehend, die Buchstaben v – w – f – pf und ph auseinanderzuhalten. Gut!

Blumenkranz: 34–25 Blumen = 69 % bis 50 %
Du bist noch nicht absolut sicher im Umgang mit den Buchstaben v – w – f – pf und ph. Gehe die Übungen im Kurs und im Training nochmals durch!

Blumentopf: 24–0 Blumen = 49 % bis 0 %
Leider hast du die Schreibung von Wörtern mit v – w – f – pf und ph noch nicht verinnerlicht. Arbeite den Wissensteil nochmals gründlich durch und wiederhole alle Übungen des Kapitels!

Wissen

Um sicherzustellen, dass du ein Wort mit ä bzw. äu korrekt geschrieben hast, suchst du ein verwandtes Wort aus der Wortfamilie mit a bzw. au:

a → ä

Tanz → Tänzchen
raten → er rät
der Gast → die Gäste

au → äu

Baum → Bäumchen
laufen → sie läuft
Raum → die Räume

äu oder eu

Die Wortfamilie hilft dir auch dabei, äu und eu nicht zu verwechseln:

erfreuen kommt von Freude
erneuern kommt von neu

aber

erträumen kommt von Traum
läuten kommt von laut

Im Deutschen gibt es einige wenige Wörter mit **ai**. Du musst sie dir einprägen, damit du sie nicht falsch (mit ei) schreibst.

Beispiele:
Waise, Laib, Saite, Taifun usw.

Harry Potter

Harry Potter ist eine berühmte Romanfigur der Schriftstellerin Joanne K. Rowling.

An seinem elften Geburtstag erfährt der schüchterne **Wai**senjunge Harry, dass er ein Zauberer ist. Er verlässt noch am selben Tag die spießige Familie seiner lieblosen Tante Petunia, um in einem Zauberinternat namens Hogwarts zu leben.

In der Geborgenheit des alten Gemäuers und fern der bösartigen Verwandtschaft fühlt sich Harry sehr wohl und findet bald gute Freunde: Ron und Hermine, die mit ihm im Internat leben und lernen, und Hagrid, ein Halbriese, der als Wildhüter auf Hogwarts arbeitet.

Fasziniert taucht Harry ein in die neue Welt voller Hexen, Ungeheuer und geheimnisvoller Zaubersprüche. Harry lernt Besen zu fliegen, Zaubertränke zu mischen und seinen Zauberstab zu benutzen.

Er zeigt in allen Fächern des Stundenplans viel Talent und hat schon bald enorme magische Kräfte, die er gegen die dunklen Mächte einsetzt, insbesondere gegen den teuflischen Schwarzmagier Lord Voldemort, der vor langer Zeit Harrys Eltern ermordet hat.

Die Kämpfe zwischen Harry und dem dunklen Lord dauern sieben Schuljahre, in denen Harry immer stärker und mutiger wird und in brenzligen oder lebensgefährlichen Situationen oft über sich hinauswächst.

In diesen Jahren erlebt Harry die unglaublichsten Abenteuer und Prüfungen und reift zu einem verantwortungsbewussten Erwachsenen. Bis eines Tages die letzte Schlacht zwischen ihm und dem bösen Lord bevorsteht …

Fitness-Einheit

Kurs 4 ä, äu, eu, ai

1 **Fülle die Lücken mit den Wörtern im Zauberbuch.**

In jedem Wort kommt ä vor.
Um Verwechslungen zwischen ä und e zu vermeiden, hilft es oft, ein verwandtes Wort aus der Wortfamilie mit a zu suchen.

Tipp: Es gibt auch Wörter mit ä, die du dir merken musst, weil sie keine verwandten Wörter mit a haben, z. B. *rückwärts – Bär – Käse – Käfer usw.*
Hier kann es helfen, das Wort laut auszusprechen.

Dobby

Bei Harry Potter ist Dobby ein drolliger Hauself, der den guten Mächten helfen möchte, die Situation aber oft missversteht und dadurch reichlich Probleme verursacht. Dann ist er immer sehr zerknirscht und bereut seine Untaten radikal: „Dobby hat sich die Hände gebügelt!“

Dobby taucht zu Beginn des zweiten Bandes auf und sorgt für einige Aufregung. Weil er großes Unheil fürchtet, versucht er __________, Harrys Rückkehr ins Internat nach den Sommerferien zu verhindern. Dazu __________ er allerlei fragwürdige Methoden. Er __________ Harrys Briefe ab und schafft Chaos in Tante Petunias Haus, indem er __________ erschreckt und __________.

Harry scheitert durch Dobbys Zauberei __________ bei dem Versuch, den berühmten Hogwarts-Express am magischen Bahnsteig 9¾ zu besteigen. Verzweifelt benutzt er zusammen mit seinem Freund Ron ein fliegendes Auto, um von King's Cross nach Hogwarts zu gelangen. Leider __________ sich das Auto recht eigenwillig und will sich von den beiden nicht steuern lassen.

Und als ob das noch nicht genug __________ und Aufregung gewesen wäre, bekommen die beiden abends noch von einem wütenden Baum __________.

Klingt spannend? Ist es auch! Auf zur Bücherei!

Fitness-Einheit

Kurs

4 ä, äu, eu, ai

2 Finde für die Wörter im Zauberbuch auf Seite 41 ein verwandtes Wort aus der Wortfamilie mit a.

Wusstest du übrigens, dass es keine Verdopplung von ä gibt?
Saal ➜ Säle
Haar ➜ Härchen

Hände – handlich, ______

3 Bilde den Plural.

Maus ➜ Mäuse

Haus ➜

Haut ➜

Laus ➜

Braut ➜

Gaul ➜

Sau ➜

Maul ➜

Faust ➜

4 Finde vier Reimwörter und bilde jeweils den Plural.

Schaum ➜ Schäume
Traum ➜ ______
______ ➜ ______
______ ➜ ______
______ ➜ ______

5 **Finde zu jedem Nomen im Zaubertrank ein Verb mit a.**

6 **Finde zu jedem Wort im Zauberkessel ein verwandtes Wort aus der Wortfamilie mit äu.**

Tipp: Sei auf der Hut: Zwischen äu und eu besteht immer Verwechslungsgefahr! Es gibt Wörter mit äu, die du dir merken musst, weil sie keine verwandten Wörter mit au haben, z. B. *Säule, Knäuel.*

Stau

7 **Bilde zwei „Hogwarts-Express-Reimzüge" und verwende Wörter mit eu!**

1 Finde selbst zehn Wörter mit eu. Benutze nur im Zweifelsfall ein Wörterbuch.

Die Eulenpost

Auch h**eu**tzutage noch halten Zauberer nicht viel vom n**eu**modischen Internet und verlassen sich bei ihren Briefen und Paketen lieber auf die **Eu**lenpost. Die meisten L**eu**te der magischen Welt besitzen eine eigene **Eu**le – die Vögel können aber auch in allen Postämtern angemietet werden. Die Eulenpost ist altbewährt, schnell und nicht t**eu**er.
Harry hat an seiner **Eu**le Hedwig, die ihm jahrelang eine zuverlässige Brief**eu**le und tr**eu**e Fr**eu**ndin ist, viel Fr**eu**de.

2 Erfinde einen Satz, in dem fünf weitere Wörter mit eu vorkommen.

3 eu oder äu? Fülle die Lücken.

Lecker!

Harry isst sich auf Hogwarts, wo die erlesensten Leckereien und kulinarische Tr__me aufgetischt werden, immer tüchtig satt. All die Jahre bei Petunias sch__ßlicher Familie musste er h__fig hungern, während das Sch__sal Dudley, Petunias h__chlerischer Sohn, fetter und fetter wurde.
Doch nicht immer hat Harry es mit Leckerbissen und Köstlichkeiten zu tun: Mit ungl__bigem Staunen isst er im Hogwarts-Express zum ersten Mal in seinem Leben Berti Botts Bohnen. Diese gibt es in jeder Geschmacksrichtung, sei sie noch so ungeh__erlich oder absch__lich: Das T__felsz__g sieht __ßerlich harmlos aus, schmeckt aber nicht selten nach Ohrenschmalz oder gar Erbrochenem. Igitt!
Schokofrösche dagegen sind keine Entt__schung, sondern __ßerst lecker und sie schmelzen zart auf der Zunge. Vorausgesetzt, man steckt sie schl__nigst in den Mund. Sonst kann es passieren, dass sie hurtig wie H__schrecken davonhüpfen und auf Nimmerwiedersehen verschwinden …

4 Im Gedicht findest du einige Wörter mit ai.
Präge sie dir genau ein.

ai, ai, ai

Es war einmal ein H**ai**,
der trug den Namen K**ai**
Er schwamm im Meer umher
und liebte Froschl**ai**ch sehr.
Auch auf Regenwürmer und M**ai**s
war er häufig heiß.

Nun weiß ja schon der L**ai**e,
dass hungrige H**ai**e
gefährliche Raubfische sind
und schon als Fischkind
manchmal ein bisschen Mensch probieren
oder gerne mit Robben dinieren.

Eines Tages im M**ai**
gönnte K**ai**, der H**ai**,
sich einen fürstlichen Leckerbissen:
Er hat dem K**ai**ser abgerissen
den kleinen Zeh.
Das tat weh.

5 Wie viele Wörter mit ai schaffst du?

	ai			
	ai			
	ai			
	ai			
	ai			
	ai			
	ai			
	ai			
	ai			
	ai			
	ai			

6 Versuche selbst einen Reim zu dichten, in dem Wörter mit ai und ei vorkommen.

Jeden Morgen im Mai
kocht sich Maik ein Ei.

Eine fröhliche Weise
summt das Waisenkind leise.

Dobby hat wieder einmal etwas falsch verstanden:
Er wollte einen Verschlüsselungszauber anwenden, hat aber den Verschusselungsfluch erwischt …

Hilf Dobby beim Korrigieren!

Hagrid

Rubeus Hagrid ist Harry, Ron und Hermine ein echter und tr___er Fr___nd. In Harrys Leben spielt er eine besondere Rolle: Er hat das W___senkind nach dem Tod seiner Eltern zu seiner Tante in Sicherheit gebracht und – als klar war, dass sich alle in Petunia get___scht hatten – an seinem 11. Geburtstag von dort wieder befr___t.

Hagrid ist halb Mensch halb Riese und nahezu doppelt so groß wie Harry. Seine ___ßere Ersch___nung ist riesenhaft, b___rtig und etwas verzottelt, aber er ist sanft, gutgl___big und er hat ein großes Herz. Sein ganzer Stolz ist ein ungeh___er großes, ger___schvoll fliegendes Motorrad, mit dem er unermüdlich für die guten M___chte k___mpft.

Auf Hogwarts sieht Hagrid nach dem Wald und betr___t das Wild. Seine größte Schw___che sind unkontrollierbare und wilde Tiere, die er sogar h___mlich als Haustiere h___lt. Gef___hrliche, F___er speiende Drachen und gr___ssliche Giftspinnen in der Größe von K___lbern findet er harmlos, süß und ganz entzückend.

Im ersten Band kommt Hagrid an ein Drachenei. Zun___chst fr___t sich Hagrid über den Norwegischen Stachelbuckel, nennt ihn liebevoll Norbert und kümmert sich rührend um das Tierchen. Als sich aber mehr als d___tlich herausstellt, dass Norbert eine aggressive und r___berische Bestie ist, ber___t Hagrid, ihn verbotenerweise aufgezogen zu haben und gibt ihn schweren Herzens an ein rum___nisches Drachenreservat ab.

Check

4 ä, äu, eu, ai

Welchen Titel hast du dir erarbeitet?
Vergleiche deine Ergebnisse mit den Lösungen und gib dir für jede richtige Entscheidung einen Zauberstab.

In der Übersicht kannst du ablesen, wie gut du bist.

Höchstzahl der Zauberstäbe: 27

Zaubereiminister/in: 27 – 24 Zauberstäbe = 100 % bis 90 %
Klasse! Du lässt dich von ähnlich klingenden Lauten kein bisschen verwirren!

Zauberkünstler/in: 23 – 19 Zauberstäbe = 89 % bis 70 %
Gut! Du kennst dich aus in der Welt von ä, äu, eu und ai!

Zauberlehrling: 18 – 14 Zauberstäbe = 69 % bis 50 %
Pass auf, dass du dich nicht verwirren lässt! Die Wortfamilie ist oft die Rettung!

Muggel: 13 – 0 Zauberstäbe = 49 % bis 0 %
Oh weh, du bist noch nicht Herr über ä, äu, eu und ai ... Das muss aber nicht sein! Arbeite die ganze Einheit nochmals aufmerksam durch!

Die Wortbildung beim Verb

Verben werden mit Hilfe von Vorsilben (lat. Präfixe) in ihrer ursprünglichen Bedeutung verändert.

Nehmen wir beispielsweise das Verb legen:

anlegen	erlegen
vorlegen	einlegen
überlegen	auflegen
usw.	

Die Wortbildung beim Adjektiv

Viele Adjektive kannst du an ihren Nachsilben (lat. Suffixe) erkennen. Wir schreiben sie klein:

-bar	-ig
-sam	-lich
-haft	-isch

Die Wortbildung beim Nomen

Auch Nomen kannst du leicht an ihren Nachsilben erkennen. Wir schreiben sie groß:

-nis	-heit	-ling
-tum	-keit	-sal
-schaft	-ung	

Das Märchen

Schon vor vielen hundert Jahren wurden Volksmärchen am Herdfeuer erzählt. Sie sollten Kindern und Erwachsenen lange Winterabende verkürzen und die Langeweile vertreiben.

Die wunderbaren und lehrreichen Erzählungen wurden als Märchen, Mythen und Volkslieder von Generation zu Generation überliefert. Um das Jahr 1812 wurden sie von den Brüdern Jakob und Wilhelm Grimm gesammelt und aufgeschrieben. Sie veröffentlichten ihr Werk als „Kinder- und Hausmärchen“.

Im 16. Jahrhundert entstanden die Kunstmärchen. Sie sind keine uralten, mündlichen Überlieferungen unbekannter Herkunft wie die Volksmärchen. Ihre Verfasser (z. B. Hans Christian Andersen) sind bekannt.

Märchen spielen oft in einer wundersamen und rätselhaften Welt ohne genaue Orts- und Zeitangaben, beispielsweise in einem finsteren und gruseligen Zauberwald, in einem fremden, seltsamen Reich oder in einem herrlichen Märchenschloss.

Die Figuren tragen in der Regel keine Namen, sondern sind nur stereotyp und vage beschrieben: die Stiefmutter, der König, der jüngste Sohn usw. Sie sind die Träger bestimmter Eigenschaften wie gut oder böse, reich oder arm, listig oder dümmlich. Nichts ist unmöglich im Märchen: Es tauchen übernatürliche und magische Wesen wie Hexen, Zwerge, Feen und sprechende Tiere auf.

Märchen sind durch bestimmte Besonderheiten leicht erkennbar: Zu Beginn und am Ende stehen die beiden formelhaften Wendungen „Es war einmal …“ sowie „Und wenn sie nicht gestorben sind…“ Häufig haben symbolische Zahlen, wie z. B. die 3 (goldenen Haare) oder die 7 (Geißlein), eine große Bedeutung.

Das Schicksal stellt die Hauptperson, z. B. den tapferen Jüngling oder die arme Müllerstochter, in vielen Märchen vor scheinbar unlösbare Aufgaben und große Mühsal („Spinne Stroh zu Gold!“). Märchen dienen der Unterhaltung, beinhalten aber auch eine Lehre oder eine Erkenntnis: das Anprangern von Eitelkeit, Trägheit, Feindschaft, Neid, Gier oder Niedertracht. Am Ende wird immer das Gute belohnt und das Böse bestraft (z. B. in dem Märchen „Frau Holle“). Die Sprache des Märchens wirkt auf uns manchmal etwas veraltet.

Die Wortbildung beim Verb

Ein einziges Verb kann durch verschiedene Vorsilben zahlreiche neue Bedeutungen annehmen.

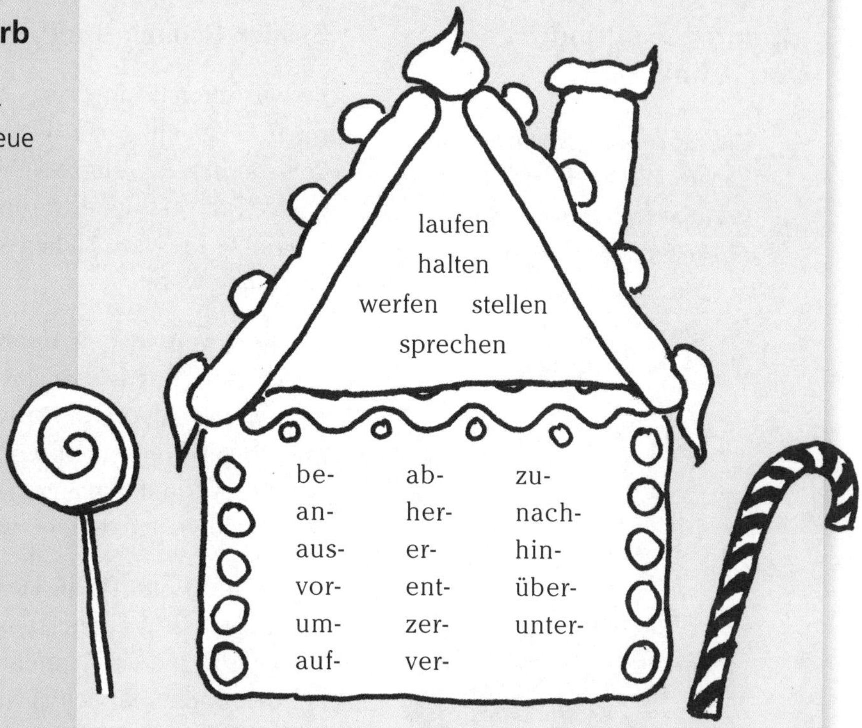

1 **Finde im Knusperhäuschen möglichst viele Kombinationen.**

____

____

____

____

____

____

____

____

a **Finde zu diesen Vorsilben die von der Bedeutung her gegensätzlichen:**

über- __________ vor- __________ ein- __________

b **Bilde Verben mit den folgenden Vorsilben und untersuche deren Bedeutung!**

ent- ______________________________

____

Bedeutung: ______________________________

miss- ______________________________

____

Bedeutung: ______________________________

Übung zur Bildung von Adjektiven

2 Die fett gedruckten Wörter kannst du durch Nachsilben in Adjektive verwandeln. Schreibe unten entsprechend auf die Schreibzeilen, Beispiel:
die Mühe – mühsam.

Brüder Grimm: Die Prinzessin auf der Erbse

Es war einmal ein Prinz, der wollte eine Prinzessin heiraten. Er machte sich die **Mühe** und reiste in der ganzen Welt herum, um eine solche zu finden, aber immer fehlte etwas. Prinzessinnen wie im **Märchen** gab es genug, aber er konnte nie ganz sicher sein, ob sie wirklich echte Prinzessinnen waren.

Der Prinz war voller **Trauer** und verlor die **Lust** am Leben, bis es eines Tages spät nachts am Schlosstor klopfte. Der alte König schlurfte in **Ruhe** zum Tor und erschrak: **Sturm** und **Regen** peitschten, es blitzte und donnerte und eine pudelnasse und zerzauste Gestalt bat schlotternd um Einlass. Sie behauptete, eine wirkliche Prinzessin zu sein.

Voller **Spott** und **Hohn** lachten der **Narr** und das Gesinde das tropfnasse Mädchen aus, aber die Königin sagte nichts. Sie ging in die Gästekammer hinein und legte eine Erbse auf den Boden der Schlafstatt. Dann nahm sie zwanzig Matratzen, legte sie auf die Erbse und obendrauf legte sie noch zwanzig Daunendecken.

Am Morgen wurde die Prinzessin voller **List** gefragt, wie sie geschlafen hätte. „Oh, entsetzlich schlecht! Ich war die ganze **Nacht wach** und konnte mich gar nicht **erholen**! Der **Himmel** weiß, was in meinem Bett gewesen ist. Es ist mir ein **Rätsel**! Ich habe auf etwas so Hartem gelegen, dass ich am ganzen Körper grün und blau bin!"

Daran konnte man erkennen, dass sie wirklich eine Prinzessin war. Sie hatte durch zwanzig Matratzen und Daunendecken eine Erbse gespürt. So feinfühlig konnte nur eine Prinzessin sein. Damit hatte der **Ärger** ein **Ende** und der Prinz nahm sie froh zur **Frau**. Und die Erbse kam in die Kunstkammer, wo sie noch zu sehen ist, wenn sie niemand gestohlen hat. Und wenn sie nicht gestorben sind, dann **leben** sie noch heute.

Die Wortbildung beim Nomen

Die Nachsilben
-nis
-tum
-schaft
-heit
-keit
-ung
bezeichnen, wie du weißt, Nomen.

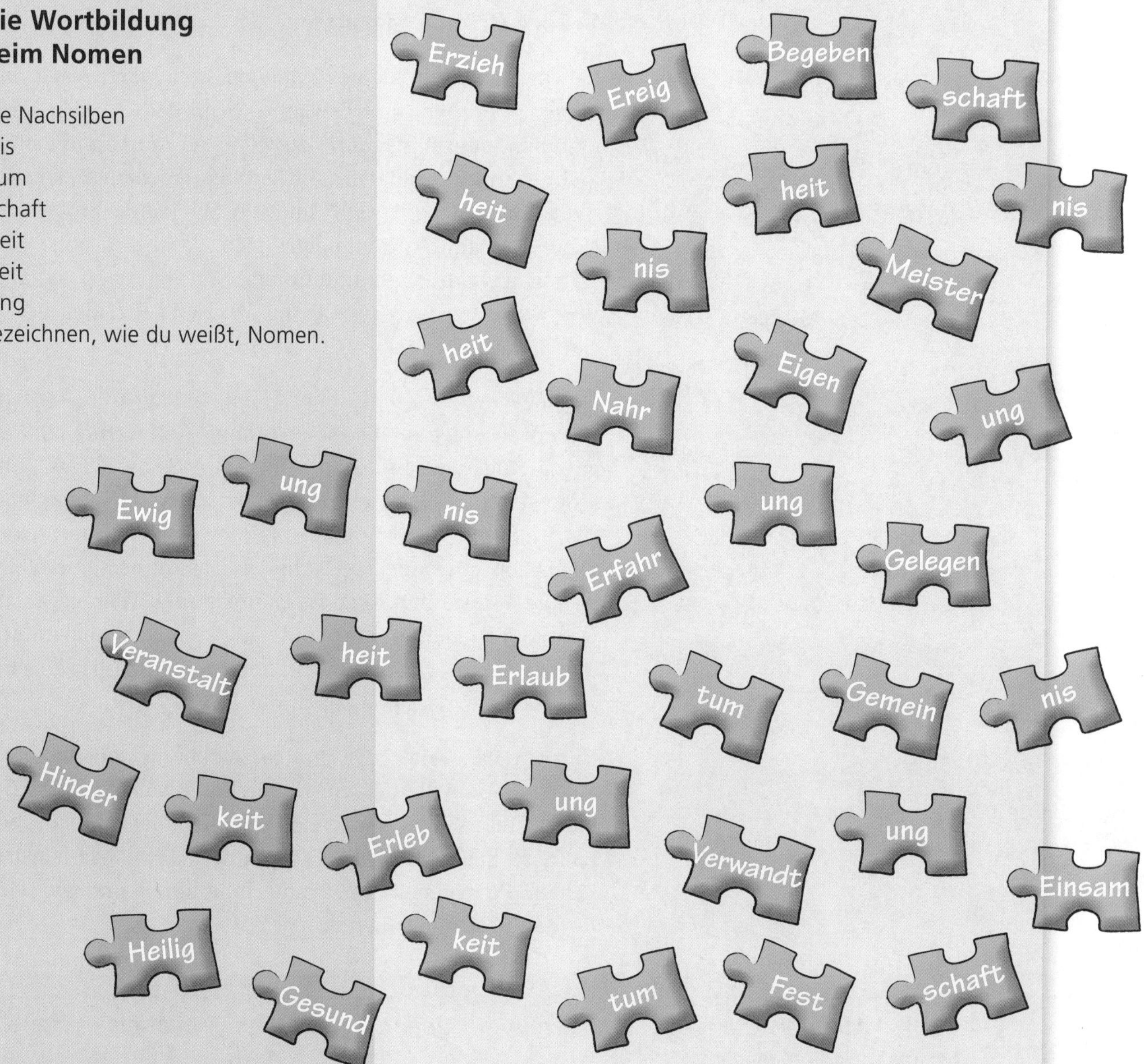

3 Füge die Puzzleteile so zusammen, dass am Ende kein Puzzleteil übrig bleibt. Streiche dabei die verbrauchten Wortbestandteile durch.

das Eigentum

Tipp: Es könnte auch *die Eigenschaft* oder *die Eigenheit* heißen, dann blieben allerdings am Ende Puzzleteile übrig …

Also, schau genau und viel Spaß beim Tüfteln!

Brüder Grimm: Sterntaler

Es war einmal ein kleines Mädchen, dem waren Vater und Mutter gestorben, und es war so arm, dass es kein Kämmerchen mehr hatte, darin zu wohnen, und kein Bettchen mehr, darin zu schlafen, und endlich gar nichts mehr als die Kleider auf dem Leib und ein Stückchen Brot in der Hand, das ihm ein mitleidiges Herz geschenkt hatte. Das Mädchen war aber gut und fromm. Und weil es so von aller Welt verlassen war, [illegible] es im Vertrauen auf den lieben Gott hinaus ins Feld.

Da begegnete ihm ein armer Mann, der sprach: „Ach, gib mir etwas zu essen, ich bin so hungrig." Es reichte ihm das ganze Stückchen Brot und sagte: „Gott segne dir es!" und ging weiter. Da kam ein Kind, das jammerte und [illegible]: „Es friert mich so an meinem Kopfe, schenke mir etwas, womit ich ihn bedecken kann." Da nahm es seine Mütze ab und [illegible] sie ihm. Und als es noch eine Weile gegangen war, kam wieder ein Kind und hatte kein Hemdlein an und fror, da gab es ihm seins. Und noch weiter, da bat eins um ein Röcklein, da gab es auch das hin.

Und wie es so da [illegible] und gar nichts mehr hatte, [illegible] auf einmal die Sterne vom Himmel und waren lauter harte blanke Taler; und ob es gleich sein Hemdlein weggegeben hatte, so hatte es ein neues an, und das war von feinstem Leinen. Da sammelte es sich die Taler hinein und war reich für den Rest seines Lebens.

1 Die folgenden Verben sind aus dem Text. Finde möglichst viele passende Vorsilben.

gehen geben sagen stehen fallen

ausgehen, ____________________

____

____

____

____

____

2 Woran kannst du erkennen, dass es sich um ein Märchen handelt? Nenne drei Merkmale.

3 Formuliere die Lehre des Märchens in einem Satz.

____

____

____

____

4 Ergänze die Lücken und verwende die folgenden Adjektive aus dem Wortspeicher

fleißig	üppig
zauberhaft	einsam
seidig	richtig
boshaft	grünlich
winzig	muffig
köstlich	hungrig
lieblich	spitzig
kostbar	schwatzhaft
emsig	

Kunterbunt

Es war einmal eine __________ Prinzessin, deren Haar war __________ und so schwarz wie Ebenholz. Sie wohnte bei sieben __________ Zwergen, die für sie __________ Stroh zu Gold sponnen und _____ Linsen sortierten.

Jeden Morgen fütterte die Prinzessin die __________ Geißlein und den eitlen Kater, schüttelte die __________ Betten auf und machte anschließend einen Spaziergang in den dunklen Wald zur Großmutter, die in einem Knusperhäuschen wohnte.

Dabei begegnete sie häufig einem wackeren Schneider, der ein __________ goldenes Federvieh besaß . Dieser lud sie oft zu einem __________ Picknick an einem __________ gedeckten Tisch ein und weil er __________ war, erzählte er ihr stundenlang von seiner __________ Schwester mit den langen blonden Zöpfen und seinem __________ Bruder mit den drei goldenen Haaren.

Er war ein wenig verliebt in die __________ Prinzessin, allerdings hatte diese nur Augen für den __________ Frosch in ihrem Brunnen, weil sie vermutete, dass er ein verzauberter Drosselbart sei.

Leider konnte sie niemals herausfinden, ob sie damit __________ lag, weil sie sich an einer __________ Spindel stach und in einen hundertjährigen Schlaf fiel.

a Im Text sind 15 Märchen versteckt. Findest du alle?

Rotkäppchen, ______________________________

____

____

____

____

____

5 Hast du Lust, selbst ein Märchen zu schreiben?

Vielleicht hast du aber andere Ideen? Nimm deinen Notizblock und leg los!

Darin könnten vorkommen:

ein verzauberter Wald
ein silberner See
eine böse Fee
ein sprechender Esel
ein verwunschener Prinz
ein Zauberring

6 Bilde aus den fett gedruckten Wörtern mit Hilfe von Nachsilben Nomen.

Märchenrätsel: Erkennst du, wer dahinter steckt?

Sie ist **schön** und **freundlich** und sie passt in den Schuh.

Aschenputtel ______ Schönheit ______ Freundlichkeit ______

______ ______ ______

Sie sind nicht **mehr** jung, aber spielen in einer **bekannten** Band.

______ ______ ______

______ ______ ______

Er ärgert sich **ewig** über seinen **eigenen** Namen.

______ ______ ______

______ ______ ______

Sie sind **verwandt** und **irren** durch den Wald.

______ ______ ______

______ ______ ______

Sie lebt **einsam** und geht sehr **selten** zum Friseur.

______ ______ ______

______ ______ ______

Sie **behandelt** ihn schlecht und doch **erlöst** sie ihn.

______ ______ ______

______ ______ ______

Er **müht** sich **redlich** und macht doch miese Tauschgeschäfte.

Er ist nicht **träge** und **erledigt** auf Anhieb sieben.

Alle wollen sie **berühren** und **reich** werden.

Er **verdammt** ihre Gier und **schickt** sie doch nicht fort.

Die **alte** Standuhr **rettet** ein Leben.

Sie **freunden** sich mit einem Bären an und **ärgern** den Zwerg.

Märchen umerzählt

Es gibt viele moderne Märchen, die sich herkömmlicher Märchenelemente und Merkmale bedienen, aber in der Jetztzeit spielen. Dabei werden märchenhafte Schlösser zu Wellness-Hotels, goldene Kutschen zu Luxus-Limousinen oder verwunschene Prinzen zu gestressten Managern. Die Märchenhandlung bleibt dabei weitgehend erhalten, allerdings birgt die Lehre manchmal Überraschungen: Oft wird das Gute belächelt und das Böse belohnt …

1 **Im Märchen Rauchkäppchen haben sich einige falsche Vor- und Nachsilben versteckt. Nimm deinen Füller, streiche die Fehler durch und schreibe die richtige Lösung darüber.**

2 **Erzähle das Märchen zu Ende.**

Rauchkäppchen

Es war einmal ein missratenes kleines Mädchen, das rauchte so viel, dass sein Kopf immer in einer dichten Rauchschwade besteckt war. Man nannte es deshalb Rauchkäppchen.

Eines Tages wachte Rauchkäppchen auf, griff wie immer benommen nach der Zigarettenschachtel auf dem Nachtkästchen und musste überkennen, dass diese völlisch leer war. Fluchend und hustend schlurfte Rauchkäppchen durch die ganze Hütte und suchte nach einer Frühstückszigarette. Doch das Schicknis wollte es, dass keine einzige zu finden war.

Missmutig machte sich Rauchkäppchen ab zum nächsten Zigarettenautomaten, in der Hand einen großen Weidenkorb um möglichst viele Zigaretten zersorgen zu können.

Gerade als Rauchkäppchen den Automaten leer geräumt hatte, kam ein schwarzer Wolf des Weges und fragte listhaft: „Schönes Mädchen, haste mal 'ne Kippe für mich?"

„Schnorrer!", schimpfte Rauchkäppchen benervt, gab dem Wolf einen heftigen Tritt und ging davon. Schließsam weiß doch jeder, dass man als Rauchkäppchen besser keine Bekanntheit mit Wölfen macht!

Auf dem Rückweg zündete sich Rauchkäppchen gerade seine lang aufsehnte Zigarette an, als es hinter sich ein tiefes unheimbares Röcheln hörte. Lächelnd drehte es sich um, weil es seine geliebte Großmutter sofort am Raucherhusten misskannt hatte. „Was hast du denn in deinem Körbchen, mein liebes Kind?", rasselte und röchelte die gute

Großmutter. „Doch hoffentlich keinen Kuchen und keinen Wein?“ „Nein, nein, Großmutter“, lachte das Rotkäppchen, „im Korb sind zwanzig Schachteln Zigaretten!“ Danach wurde ihm schwarz vor Augen.

Als es aus seiner tiefen Ohnmacht bewachte, hatte es eine schmerzbare Riesenbeule am Hinterkopf und keine einzige Zigarette mehr. Dafür zogen dicke Rauchschwaden von Großmutters Häuschen im tiefen Wald herüber …

Welchen Titel hast du dir erarbeitet?
Vergleiche deine Ergebnisse mit den Lösungen und gib dir für jede richtige Entscheidung einen Sterntaler.

In der Übersicht kannst du ablesen, wie gut du bist.

Höchstzahl der Sterntaler: 16

König/in: 16–14 Sterntaler = 100 % bis 90 %
Du bist spitze! Vor- und Nachsilben sind dein Spezialgebiet!

Prinz/Prinzessin: 13–11 Sterntaler = 89 % bis 70 %
Diese Leistung ist absolut in Ordnung. Gut gemacht!

Müllerbursche/Magd: 10–8 Sterntaler = 69 % bis 50 %
Schau dir deine Fehler genau an und nimm dazu ein Wörterbuch zur Hand.

Zwerg/in: 8–0 Sterntaler = 49 % bis 0 %
Oh je! Leider hast du die Thematik nicht durchdrungen. Arbeite das gesamte Kapitel nochmals sorgfältig durch. Danach erreichst du viel mehr Sterntaler. Versprochen!

Die Großschreibung

Großgeschrieben werden:
das erste Wort eines Satzes

Eigennamen

Nomen (Substantive)

das erste Wort einer wörtlichen Rede

die Höflichkeitsanrede

Nomen oder Substantive geben Dingen und Lebewesen Namen. Man erkennt sie daran, dass ein Artikel davor steht oder davor stehen kann **(Artikelprobe)**. Es können aber auch Pronomen, Adjektive oder Mengenwörter ein Nomen begleiten.

Du kannst viele Nomen leicht daran erkennen, dass man sie anfassen kann, z. B. *die Meerkatze* oder *die Villa* **(Anfassprobe)**. Sie werden Konkreta genannt. Es gibt aber auch Nomen, die du nicht anfassen kannst, z. B. *das Glück* oder *der Unsinn*. Man nennt sie Abstrakta.

Die Endsilben *-ung, heit, -keit, -tum, -schaft* oder *-nis* weisen auf Nomen hin **(Endbausteinprobe)**.

Astrid Lindgren (1907 – 2002)

Die schwedische Schriftstellerin Astrid Lindgren gehört zu den berühmtesten Kinderbuchautoren der Welt.
Für ihre Tochter Karin erfand sie zahllose wunderbare Geschichten und Figuren, von denen du sicher einige kennst:

Pippi Langstrumpf
Ronja Räubertochter
Michel
Karlsson

Sie alle sind faszinierende Persönlichkeiten, die spannende Abenteuer erleben, viel Unfug treiben, manchen Streich spielen und oft sogar besondere Fähigkeiten haben.

Astrid Lindgren bewahrte sich ihre jugendliche Fröhlichkeit bis ins hohe Alter: An ihrem 80. Geburtstag kletterte sie mit einer Freundin um die Wette auf einen Baum.
Den überraschten Zuschauern erklärte sie: „Es gibt kein Verbot für alte Weiber, auf Bäume zu klettern!“

Astrid Lindgren wurde für ihr Werk mit zahlreichen wichtigen Preisen ausgezeichnet. An die Jury für *Schwedin des Jahres 1997* schrieb sie in ihrem Dankesbrief: „Diesen Preis verleihen Sie einer Person, die uralt, halb blind, halb taub und total verrückt ist. Passen Sie auf, dass sich das nicht herumspricht …“

Artikel + Nomen:
der *Seeräuber*
eine *Schatztruhe*

Pronomen + Nomen:
mein *Strumpf*
seine *Tochter*

(Artikel) + Adjektiv + Nomen:
ein ***guter*** *Freund*
die ***geheimnisvolle*** *Zauberpille*

Wortstamm + Endsilbe -ung:
*die Heiz**ung***
*die Verwandt**schaft***

Frage zur Artikelprobe:
„Ist dankbar ein Nomen?“
**Der / die / das Dankbar* ist falsch, aber: *der Dank*.

Mengenwort + Nomen:
viel *Spaß*
keine *Regeln*

Nomen aus Verben
Verben, die du eigentlich klein schreibst, können als Nomen gebraucht werden und werden dann groß geschrieben.

Du erkennst sie daran, dass vor ihnen Begleiter stehen, wie du sie schon von den Nomen her kennst:

Artikel + Verb:
das *Schmökern*
das *Spielen*

Artikel/Pronomen + Adjektiv + Verb:
das tägliche *Lesen*
dein leises *Kichern*

Präposition + (Artikel) + Verb:
beim (bei dem) *Essen*
zum *Verwechseln*

Nomen aus Adjektiven
Auch als Nomen gebrauchte Adjektive schreibst du groß.

Artikel + Adjektiv:
das *Einmalige*
die *Schöne*

Präposition + Adjektiv:
im *Grünen*
bei *Groß und Klein*

Mengenwort und Adjektiv:
nichts *Neues*
viel *Süßes*

Zeitangaben
Auch auf die Zeitangaben sollten wir einen kurzen Blick werfen.

Zeitangaben mit Begleiter werden großgeschrieben.

am Morgen
gegen Abend
in der Nacht

Zeitangaben nach *gestern, heute* oder *morgen* werden ebenfalls großgeschrieben.

heute Abend
morgen Nacht

Allerdings werden Zeitangaben immer klein geschrieben, wenn sie ohne Artikel stehen und ein -s angehängt ist.

mittags
morgens

Pippi Langstrumpf

Pippi Langstrumpf ist neun Jahre alt, bärenstark und sie lebt mit ihrem Äffchen, ihrem Pferd und einer großen Goldkiste in der Villa Kunterbunt. Ihr Vater ist ein furchtloser Kapitän und stolzer König auf einer Südseeinsel. Pippi besucht keine Schule und macht nur, wozu sie Lust hat. Ihre Freunde heißen Tom und Annika und sie begleiten Pippi auf zahllosen Abenteuern.

1 Bestimme alle Nomen und trage sie in die Tabelle ein.

Artikel + Nomen	Artikel + Adjektiv + Nomen	Pronomen + Nomen	Mengenwort + Nomen
			neun Jahre

2 Wie viele Eigennamen findest du im Text oben? Markiere nun die konkreten Nomen im Text rot und die abstrakten Nomen blau.

Pippi Langstrumpf ist …

3 Lies den Text genau durch. Betrachte die fett gedruckten Nomen. Um welche Art Nomen handelt es sich?

Immer dieser Michel

Michel aus Lönneberga ist 2004 zur beliebtesten Fernsehserie der Deutschen gewählt worden. Dabei sind die Bücher noch aufregender als die Serie und so lustig, dass man **beim Lesen** die Zeit vergisst und immer wieder in **lautes Lachen** ausbricht.

Sicher kennst du die Geschichten von Michel, seiner Schwester Klein-Ida, von Alfred, dem Knecht und Lina, der Magd. Und natürlich erinnerst du dich an das **zornige Schimpfen** von Vater Anton, wenn Michel mal wieder (unfreiwillig) Unfug getrieben hat. Und dann im Holzschuppen sitzen muss und **beim Schnitzen** über seine Untaten nachdenken soll. **Das Ziehen** von Linas Zahn durch Michel ist ebenso legendär wie die Sache mit der Suppenschüssel …

4 Finde fünf Verben im Rätsel und bilde einen Satz, in dem du sie als Nomen verwendest.

s	r	e	f	t	a	n	z	e	n	s	g	i
u	z	m	i	c	h	e	l	p	g	i	v	j
c	u	l	**s**	**p**	**i**	**e**	**l**	**e**	**n**	n	n	f
h	l	a	d	s	u	c	h	e	n	g	u	b
e	t	c	s	d	b	s	b	r	x	e	o	n
n	r	h	z	w	q	y	s	d	y	n	l	j
e	r	e	d	e	n	w	o	u	h	a	u	s
i	u	n	j	a	m	m	e	r	n	u	h	u

Beim Spielen kann ich alles um mich herum vergessen.

____

____

____

____

____

____

5 Wie viele als Nomen gebrauchte Adjektive findest du im Text?

Wir Kinder von Bullerbü

Viel Schönes bieten auch Astrid Lindgrens Erzählungen rund um die Kinder von Bullerbü, die **bei Jung und Alt** sehr beliebt sind. Bullerbü ist ein kleines schwedisches Dorf: nur drei Höfe, Wälder, Seen, **das Blau** des Himmels – und sieben Kinder. **Die Glücklichen** haben endlos lange Sommerferien und erleben jeden Tag **viel Abenteuerliches** und **allerlei Aufregendes**. Sie spielen einander die lustigsten Streiche, lauern **im Dunkeln** gruseligen Wassergeistern auf oder unternehmen spannende Nachtwanderungen. Das Lesen dieser Geschichten wird dir garantiert viel Spaß machen, weil sie **etwas Besonderes** sind. Also, los – Buch in der Bücherei besorgen und lesen!

Artikel und Adjektiv: ☐

Präposition und Adjektiv: ☐

Mengenwort und Adjektiv: ☐

Kurs 6 Groß- und Kleinschreibung

6 Groß oder klein?

Entscheide dich und schreibe den Satz nochmals darunter. Wähle aus der Tabelle den entsprechenden Wortbaustein aus. Welche zwei Sätze ergeben diese aneinandergereiht?

	Groß	klein
1.	wir	wor
2.	auf	ab
3.	wart	wirt
4.	ost	est
5.	der?	du?
6.	Buch	Bach
7.	bisi	beso
8.	rgen!	gn!

1. Die Erzählerin Lisa hat zwei Ä/ältere Brüder.

2. Die K/kleinste der Kinder heißt Kerstin.

3. Oft sind die Erwachsenen die D/dummen.

4. Sehr L/lustig erzählt ist der Tag beim Krämer.

5. Alle Geschichten sind sehr H/humorvoll.

6. Das B/beste sind die Ferien in Bullerbü.

7. Die Kinder haben den G/größten Spaß.

8. Und die Leser genießen viel S/spannendes.

7 Ersetze die Fragezeichen und schreibe die Wörter mit ihren Begleitern in die Tabelle.

mittags

Ein Ferientag in Bullerbü

Kurz nach Sonnenaufgang beginnt in Bullerbü ein arbeitsreicher Tag. Nach einem ordentlichen Frühstück kümmern sich die Bewohner der drei Höfe bis ?ittags um das Vieh und am ?achmittag stehen Rübenziehen und die Heuernte auf dem Programm. Nachdem die Jungen Lasse und Bosse ?eute bis zum ?bend bei der Heuernte helfen sollen, beschließen die Mädchen Inga und Lisa gegen ?ormittag, sich auch nützlich zu machen und für alle Bewohner von Bullerbü einkaufen zu gehen. Am ?ittag ziehen sie los und erledigen die Einkäufe, stellen aber recht bald fest, dass sie einige Dinge vergessen haben. Zunächst kichern sie und kehren um, aber das Lachen vergeht ihnen schon bald: Den ganzen ?achmittag müssen sie immer wieder umkehren, weil noch etwas fehlt. Erst gegen ?bend kehren sie völlig erschöpft und voll beladen zurück nach Hause. Die Eltern haben sich schon Sorgen gemacht und wollen wissen, was Lisa und Inga so lange getrieben haben. Leise seufzt Lisa: „Ich will heute ?acht nur noch meine Ruhe und ab ?orgen ?ormittag kann Lina sich wieder um die Einkäufe kümmern…“.

Training

Vielleicht kennst du aus den Pippi-Filmen Fräulein Prusseliese. Sie ist vom Amt und möchte Pippi in ein Kinderheim stecken.

Pippi hält wenig von dieser Idee und schreibt Fräulein Prusseliese einen Brief.

Nachts kommen Mäuschen, die schon einige Zeit unentdeckt in der Villa Kunterbunt wohnen und nagen am Brief. Kannst du dennoch herausfinden, was Pippi geschrieben hat?

1 Ergänze die fehlenden Buchstaben.

31. Februar Villa Kunterbunt

Sehr geehrtes Fräulein Prusseliese,

für _hr Angebot, mir beim _mzug behilflich zu sein, _edanke ich mich sehr. Gerne wäre ich _orgen _ittag in mein neues Zuhause gezogen, aber leider habe ich keine Zeit.
Das _bliche _ie wissen schon: Das _utzen der Villa Kunterbunt, die _flege der Tiere, das _üten meines Goldschatzes – und dann muss ich mich auch noch um meine _achbarn Tom und Annika kümmern. Die beiden nehmen das Leben oft allzu _rnst.
Das _rledigen all dieser Pflichten und Aufgaben nimmt sehr viel Zeit in _nspruch. Das ist für _ie ja bestimmt nichts _eues, daher verstehen _ie auch _icherlich, dass es mir ebenfalls nicht möglich ist, _orgens regelmäßig eine Schule zu besuchen. So gerne ich das auch täte! Zu meinem größten _eidwesen muss ich auf die menschliche _ärme im Kinderheim und auf die tägliche _ildung in der Schule verzichten.
Vielen Dank für _hr ständiges _emühen und _hre _nterstützung.

Sollten _ie weitere Fragen haben oder etwas _ichtiges besprechen wollen, wenden _ie sich vertrauensvoll an mich.

Pippilotta Viktualia Rollgardina Pfefferminza Efraimstochter Langstrumpf

2 Ordne sinnvoll zu, ziehe Verbindungslinien, finde die Fehler und schreibe den Text richtig auf ein Notizblatt.

3 Findest du die versteckte Botschaft in den Wortschlangen? Markiere großgeschriebene Wörter rot, die anderen grün. Bring die Sätze in eine sinnvolle Reihenfolge.

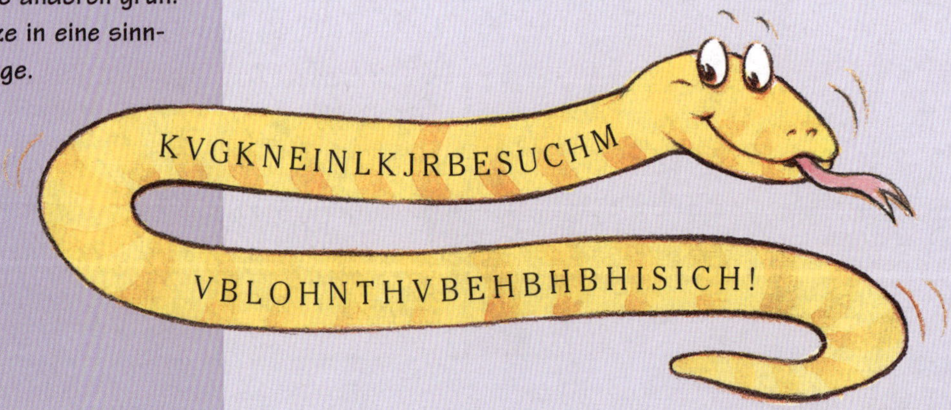

Fitness-Einheit

Training 6 Groß- und Kleinschreibung

4 Im Text findest du Nomen aus Adjektiven und Verben. Schreibe sie auf.

Karlsson vom Dach

Karlsson nimmt unter Astrid Lindgrens Figuren eine Sonderstellung ein. Er ist erwachsen, wohnt auf einem Dach und an seinem Rücken ist ein Propeller festgewachsen, der ihm das Fliegen ermöglicht.

Während Pippi, Michel, die Kinder von Bullerbü und all die anderen Kinder aus Astrid Lindgrens Feder liebenswert, hilfsbereit und sympathisch sind, hat Karlsson wenig Nettes. Er ist egoistisch, unzuverlässig und gierig.

Und sehr selbstbewusst: Er hält sich für den fabelhaftesten Kerl und ist sich sicher: „Ich bin ein schöner und grundgescheiter und gerade richtig dicker Mann in meinen besten Jahren und der beste Karlsson der Welt in jeder Weise."

Andererseits ist sein Handeln oft so pfiffig und so drollig, dass der Leser nicht anders kann, als über die selbstverliebte und unbeschwerte Art dieses Sonderlings herzhaft zu lachen.

Die Geschichte beginnt, als Karlsson eines Tages frech durch ein fremdes Fenster fliegt und den neunjährigen Lillebror kennen lernt. Lillebror ist ein zurückgezogenes und schüchternes Kind und bewundert das Selbstsichere und das Eigenwillige in Karlssons Wesen. Die beiden freunden sich an und schon bald wirbelt Karlsson Lillebrors Leben komplett durcheinander. Sie erleben unglaubliche Abenteuer und Lillebror findet in Karlsson einen aufregenden Spielgefährten, der ihn das Lachen lehrt.

In Russland ist Karlsson sehr populär, fast ein Volksheld. Ist es nicht auch an der Zeit, dass du ihn kennen lernst?

Ab zur Bücherei!

Nomen aus Verben im Text	Nomen aus Adjektiven im Text

5 Nenne fünf weitere Nomen, die ursprünglich Adjektive bzw. Verben waren (nicht im Text).

Nomen aus Verben	Nomen aus Adjektiven

Zusammengesetzte Nomen

6 Trage zusammengesetzte Nomen mit dem Bestandteil Kinder in die Spielkarte ein.

Es gibt einfach gebildete Nomen wie *der Schatz* und es gibt zusammengesetzte Nomen, z. B. *die Schatzinsel*.

Zusammengesetzte Nomen bestimmen das Grundwort genauer. Es ist ein großer Unterschied, ob Pippi im Waisenhaus wohnt oder im Hexenhaus ... Oder ob sie ein Baumhaus baut oder ein Kartenhaus oder ein Vogelhaus.

Spielkarte oder Kartenspiel?

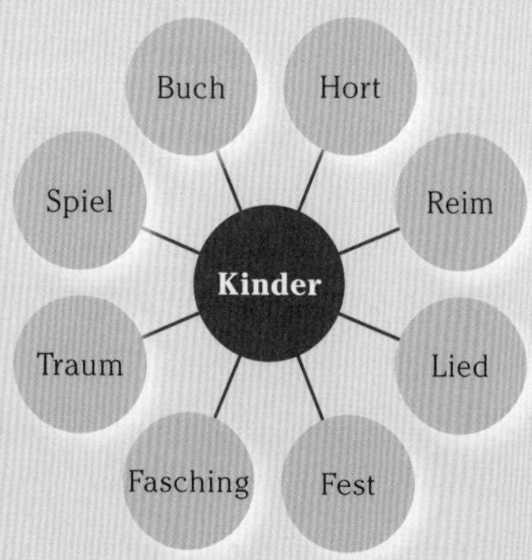

das Kinderbuch

____

____

____

____

____

____

7 Finde noch fünf weitere zusammengesetzte Nomen und trage sie in die Spielkarte ein, das Ausgangswort heißt „Spiel“.

____

____

____

____

____

Check

6 Groß- und Kleinschreibung

1 Ergänze die fehlenden Begriffe in den Merksätzen.

Das erste Wort eines Satzes und das erste Wort einer

_______________ werden großgeschrieben.

Außerdem schreibt man die Höflichkeitsanrede,

_______________ und _______________ groß.

Hilfreich für das Erkennen von _______________ sind drei

Proben:

Artikelprobe: Frage: _______________?

Anfassprobe: Frage: _______________?

Endbausteinprobe: Frage: _______________?

Auch die Wortarten _______________ und

_______________ können als Nomen gebraucht

werden.

2 Nimm einen Textmarker zur Hand und markiere alle Buchstaben, die großgeschrieben werden.

Ronja Räubertochter

ronja ist ein ganz außergewöhnliches geschöpf. sie bewegt sich zwischen geistern und koboldenund liebt das geheimnisvolle und gefährliche, das sich im dunklen dickicht des waldes verbirgt.

sie lebt mit ihrem vater mattis und ihrer mutter lovis in der mattis-festung – einer abenteuerlichen burg, die vor jahren vom blitz in zwei teile gespalten worden ist. dort haust sie mit einer horde wilder und rauflustiger räuber, deren hauptmann ihr vater ist.

eines tages begegnet sie birk borka, dem sohn einer verfeindeten räubersippe, die sich im anderen teil der burg niedergelassen hat.

doch statt gegen birk und die borkas zu kämpfen, wie es der rest ihrer räuberbande tut, freundet sich ronja mit birk an und unternimmt mit ihm lange streifzüge durch den unheimlichen wald. sie lauschen dem murmeln der waldgeister und dem rauschen der wasserfälle und erkunden tiefe schluchten und geheimnisvolle höhlen.

als der räuberhauptmann mattis erfährt, dass sich ronja, sein ganzer stolz, mit dem sohn seines erzrivalen angefreundet hat, ist er außer sich vor wut und tobt entsetzlich.

doch ronja lässt sich von seinen drohungen nicht beeindrucken und flieht mit birk in den tiefen wald, wo sie ein karges und entbehrungsreiches dasein führen und ihnen schon bald der eiskalte winter droht.

mit hilfe von ronjas weiser und liebevoller mutter versöhnen sich die beiden eigensinnigen dickköpfe ronja und mattis und auch die räuberbanden beenden ihre jahrelange feindschaft.

so ist es der kleinen heldin durch ihr mutiges handeln gelungen, fortan ein harmonisches und glückliches leben führen zu können – mit allen menschen, die sie liebt.

Welchen Titel hast du dir erarbeitet?
Vergleiche deine Ergebnisse mit den Lösungen und gib dir für jede richtige Entscheidung ein Goldstück aus Pippis Schatztruhe.

In der Übersicht kannst du ablesen, wie gut du bist.

Höchstzahl der Goldstücke: 84

Räuberheld/in: 84 – 74 Goldstücke = 100 % bis 90 %
Du bist super! Du hast die Groß- und Kleinschreibung prima im Griff! Gratulation!

Profiräuber: 73 – 59 Goldstücke = 89 % bis 70 %
Gut gemacht! Die Regeln und Strategien zur Groß- und Kleinschreibung sind dir weitgehend geläufig.

Amateurräuber: 58 – 43 Goldstücke = 69 % bis 50 %
Du bist teilweise schon ganz sicher, teilweise fehlt dir aber noch die Übung. Arbeite den Wissensteil nochmals sorgfältig durch!

Räuberlehrling: 42 – 0 Goldstücke = 49 % bis 0 %
Leider bist du noch zu unsicher im Umgang mit der Groß- und Kleinschreibung. Arbeite das komplette Kapitel nochmals in aller Ruhe durch. Wetten, dass du anschließend deine Punktezahl deutlich steigern kannst?

Wissen

7 Getrennt- und Zusammenschreibung

Die Getrennt- und Zusammenschreibung gehört zu den schwierigeren Kapiteln in der Rechtschreibung. Aber mit Konzentration und Durchhaltevermögen kannst du dir die wichtigsten Regeln einprägen, die dir beim Großteil der Entscheidungen helfen. Falls dein Problem nicht durch eine Regel abgedeckt ist, schlägst du im Wörterbuch nach. Lässt auch das Wörterbuch beide Varianten zu, hast du den Freiraum für deine eigene Entscheidung.

1. Treffen ein **Nomen** (Hauptwort) und ein **Verb** (Zeitwort) aufeinander, ist entscheidend, ob das Nomen seine Eigenständigkeit behalten oder verloren hat.

   a) Eigenständiges Nomen + Verb schreibst du getrennt.

   Schlagzeug spielen, Kuchen backen, Auto fahren, Rad fahren

   b) Verblasstes Nomen + Verb schreibst du zusammen.

   schlafwandeln, kopfstehen, teilhaben, brustschwimmen

Bei diesen Verbindungen ist die Eigenständigkeit des Nomens entscheidend.

Die Wetterhexe Rumpumpel **maßregelte** die kleine Hexe.
Es geht nicht:
… **Rumpumpel** regelte die kleine Hexe **Maß**.

Folgende Probe hilft dir oft:
Hat das Nomen seine Eigenständigkeit verloren, ist die Zusammensetzung untrennbar. In diesem Fall schreibst du zusammen.

Die kleine Hexe **handhabte** ihren Besen mit großer Geschicklichkeit.
Es geht nicht:
Die kleine Hexe **habte** ihren Besen mit großer Geschicklichkeit **Hand**.

Hat das Nomen seine Eigenständigkeit bewahrt, so ist die Zusammensetzung auch trennbar. In diesem Fall schreibst du getrennt.

Beispiele:
Die kleine Hexe kann auf ihrem **Besen reiten**.
Es geht (da trennbar):
Auf ihrem **Besen** kann die kleine Hexe **reiten**.

Abraxas will der kleinen Hexe **Mut machen**.
Es geht (da trennbar):
Abraxas **macht** der kleinen Hexe **Mut**.

2. Treffen **Verb + Verb** aufeinander, schreibst du in der Regel getrennt. Kombinationen mit *bleiben* und *lassen* wird getrennt geschrieben, entsteht aber eine übertragene, neue Bedeutung wird zusammengeschrieben.

tanzen gehen, lesen lernen, spazieren gehen, laufen lernen, lesen üben, arbeiten gehen
stehen bleiben, stehen lassen, liegen bleiben

stehenlassen (jemanden nicht länger beachten)
liegenbleiben (unerledigt bleiben)

Merke: Wird die Verb + Verb-Verbindung in ein Nomen verwandelt, so schreibst du diese Verbindung zusammen.

das Laufenlernen, das Tanzengehen, das Lesenlernen, das Spazierengehen

3. Treffen ein **Adjektiv** (Eigenschaftswort) und ein **Verb** aufeinander, so wird
   a) in der Regel getrennt geschrieben

eindeutig sprechen, laut rufen, schnell gehen
schief lachen, krank schreiben, frei sprechen, kalt stellen

   b) zusammengeschrieben, wenn ein Begriff mit übertragener, neuer Bedeutung entsteht.

schieflachen (nicht aufhören zu lachen)
krankschreiben (den Krankenstand feststellen)
freisprechen (den Angeklagten nicht mit Strafe belegen)
kaltstellen (jdn. politisch ausschalten)
näherkommen (Annäherung in Verhandlungen)

Der Müllerbursche wurde freigesprochen.
Vor der Verwandlung in Raben müssen die Müllerburschen in einer Reihe vor dem Meister gerade stehen. Jeder in der Mühle muss für seine Taten geradestehen.

Es gibt einzelne Adjektiv + Verb-Verbindungen, die sowohl getrennt als auch zusammengeschrieben werden können. Sie bezeichnen dann das Ergebnis eines Vorgangs.

Nadine wird ihr Fahrrad schön blankputzen/blank putzen.
Jonas wird die Tomaten sehr kleinschneiden/klein schneiden.

4. Bei „**zu**" musst du Folgendes beachten:

   a) **zu (als Infinitiv) + Verb** schreibst du getrennt.

Vor lauter Schnee ist die Mühle kaum noch zu sehen.
Es macht Krabat Spaß, sich in einen Raben zu verwandeln.

   b) **zu (als Vorsilbe) + Verb** schreibst du zusammen.

Die Müllerburschen dürfen dem Meister zusehen.
Tonda kann gut zuhören.

   c) Präge dir die richtige Schreibung von „**zu**" in den Verbindungen im Merkkasten ein.

! *Merkkasten:*

zu Fuß, zu Beginn, zu Ende gehen, zu Kopf steigen, zu Grabe tragen, zu Wasser lassen, zu Tode kommen, zu Papier bringen

Kurs

7 Getrennt- und Zusammenschreibung

Nomen + Verb

1 **Wende die Probe auf Trennbarkeit bei folgenden Sätzen an und trage die richtige Schreibung ein.**

1. In ihrem kleinem Häuschen im tiefen Wald versteht sich die kleine Hexe zusammen mit ihrem Raben Abraxas hervorragend auf das ____________________ (Haus + halten).

2. Abraxas muss darauf ____________________ (Acht + geben), dass die kleine Hexe nicht zu viel Zeit mit dem Lernen verbringt.

3. Da die kleine Hexe erst 127 Jahre alt ist, darf sie noch nicht zur Walpurgisnacht kommen. Sie will aber auch in der Hexengemeinschaft ____________________ (Fuß + fassen) und so mischt sie sich unter die tanzenden Hexen.

4. Als die kleine Hexe entdeckt wird, schleppt sie die Wetterhexe Rumpumpel vor die Oberhexe, die die kleine Hexe ____________________ (Maß + regeln) soll.

5. Die meisten Hexen wollen, dass die Oberhexe die kleine Hexe als ‚schlechte Hexe' ____________________ (Brand + marken) soll.

6. Als die Oberhexe und die anderen Hexen ihr ________ ____________________ (Bescheid + sagen), weiß die kleine Hexe, dass sie mit einer harten Strafe rechnen muss.

7. Man nimmt ihr den Besen weg und sie braucht drei Tage und drei Nächte zum ____________________ (Heim + kommen; ACHTUNG! Probe hilft hier nicht → im Wörterbuch nachschlagen).

8. Dort eingetroffen muss sie Abraxas über die Ereignisse auf dem Blocksberg ____________________ (Bericht + erstatten).

9. Nur die Aussicht, dass sie vielleicht an der nächsten Walpurgisnacht ________________ (Teil + nehmen; ACHTUNG! Probe hilft hier nicht ➜ im Wörterbuch nachschlagen) darf, kann der Hexe die nötige ________________ (Kraft + geben), um nach Hause zu kommen.

10. Die kleine Hexe und Abraxas ________________ (Schluss + folgern) aus den Ausführungen der Oberhexe, dass die kleine Hexe nun ein Jahr alles daran setzen muss, eine „gute Hexe“ zu werden.

2 Finde in den Paketen zu den Nomen passende Verben. Entscheide, ob die neu entstandenen Begriffe getrennt oder zusammengeschrieben werden, und trage sie in die richtige Spalte ein. Überprüfe deine Entscheidung im Wörterbuch.

Paket 1

Nomen + Verb	
Getrenntschreibung	Zusammenschreibung
Ski Not Berg Seil Gefahr Probe	springen fahren landen fahren steigen laufen

Paket 2

Nomen + Verb	
Getrenntschreibung	Zusammenschreibung
Dialekt Irre Angst Leid Kuchen Lob	tun backen preisen sprechen bekommen führen

Paket 3

Nomen + Verb	
Getrenntschreibung	Zusammenschreibung
Fußball Schlange Bruch Schlaf Rad Preis	stehen wandeln geben fahren rechnen spielen

Verb + Verb

3 Ergänze den Merksatz richtig.

Dreiteiliger Merksatz zur Schreibung von Verb + Verb-Verbindungen:

1. Besteht eine Verbindung aus zwei Verben, so wird häufig ________________ (getrennt/zusammen?) geschrieben.

2. Verbindungen mit „bleiben" und „lassen" als zweitem Bestandteil dürfen jedoch bei übertragener Bedeutung ________________ werden. Auch bei der Verbindung „kennen + lernen" ________________ möglich.

3. Werden Verb + Verb-Verbindungen in Nomen verwandelt, so werden sie stets ________________ (getrennt/zusammen?) geschrieben.

4 **Ordne die Ziffern der Beispiele dem jeweiligen Merksatz zu.**

Tipp: Es gibt zu jedem Merksatz 3 Beispiele.

Beispiele zu 1.	Beispiele zu 2.	Beispiele zu 3.

Beispiele:
1. kennenlernen oder kennen lernen
2. bummeln gehen
3. das Lesenlernen
4. hexen lernen
5. das Spazierengehen
6. sitzenbleiben oder sitzen bleiben
7. gehenlassen oder gehen lassen
8. tanzen gehen
9. das Laufenlassen

Adjektiv + Verb

5 **Ergänze die Beispiele zu den Regeln.**

Eine Verbindung aus Adjektiv + Verb schreibst du zusammen, wenn dadurch ein neuer Begriff mit übertragener Bedeutung entsteht.

Beispiele: satt + haben:

____

wahr + sagen:

____

Eine Verbindung aus Adjektiv + Verb schreibst du getrennt, wenn du das Adjektiv steigern kannst (z. B. mit „ganz" oder „sehr")

Beispiele: leicht + lernen:

____

scharf + einstellen:

____

Die beiden oben genannten Regeln gelten auch für die Partizipien (Mittelwort der Gegenwart und der Vergangenheit) dieser Wortverbindungen.

Beispiele: Die kleine Hexe hatte die Verbote der Oberhexe satt …

Partizip Die Verbote der Oberhexe *satthabend*, ging sie …

Präsens Viele Hexen können wahrsagen.

__________ Hexen findet man auf Märkten.

Die kleine Hexe konnte die Zauberei leicht lernen.

Partizip Die kleine Hexe hat die Zauberei __________.

Perfekt Abraxas musste das Fernrohr scharf einstellen.

Abraxas hatte das Fernrohr __________

6 Trage die richtige Schreibung ein.

Die Wendungen im Wortspeicher kann man getrennt oder zusammenscheiben. Sie ergeben dann jeweils eine andere Bedeutung.

In der Getrenntschreibung sind die beiden Elemente der Verbindung noch sehr eigenständig und wörtlich gemeint.

In der Zusammenschreibung gehen die beiden Elemente eine neue Verbindung mit übertragener Bedeutung ein.

Vor dem Hexenrat

Ein Jahr lang hatte die kleine Hexe nur Gutes getan. Sie ließ beispielsweise die Augen der alten Weiber beim Holzsammeln ________________ (hell + strahlen), indem sie ihnen tüchtig half. Auch bändigte sie den Revierförster, ohne ihn ________________ (bloß + zu + stellen). Auch einen Maroniverkäufer konnte sie ________________ (warm + halten).

Die Nesträuber, die dem Nachwuchs in Abraxas' Familie an den Kragen wollten, mussten sich ________________ (warm + anziehen). Als sich die kleine Hexe vor dem Hexenrat verantworten sollte, konnte sie es sich nicht vorstellen, dass ihre vielen guten Taten die anderen Hexen ________________ (kalt + lassen). Doch zum Erstaunen der kleinen Hexe wurden ihr diese guten Taten ________________ (krumm + Partizip Perfekt von nehmen).

Schließlich jedoch war es die kleine Hexe, die sich am Schluss über all die bösen Hexen ________________ (schief + lachen) durfte.

Getrenntschreibung	Zusammenschreibung
1. gerade stehen	geradestehen
2. frei sprechen	freisprechen
3. blau machen	blaumachen
4. schön reden	schönreden
5. schief gehen	schiefgehen
6. locker machen	lockermachen
7. fest stehen	feststehen
8. frei halten	freihalten
9. leicht fallen	leicht fallen

7 Bilde zu jedem Wortpaar zwei Beispielsätze, die die unterschiedliche Bedeutung verdeutlichen.
Orientiere dich am Beispiel zu 1.

Beispiel zu 1:

Als die kleine Hexe erschöpft nach Hause kam, konnte sie nicht mehr gerade stehen.

Vor dem Hexenrat musste die kleine Hexe für ihre guten Taten geradestehen.

zu + Verb

8 Finde möglichst viele Verben mit „zu“ als Vorsilbe.
Diese Verben schreibst du zusammen. Gib Acht, sie nicht mit dem „zu“ im Infinitiv zu verwechseln. „zu“ als Infinitiv steht vom Verb getrennt.

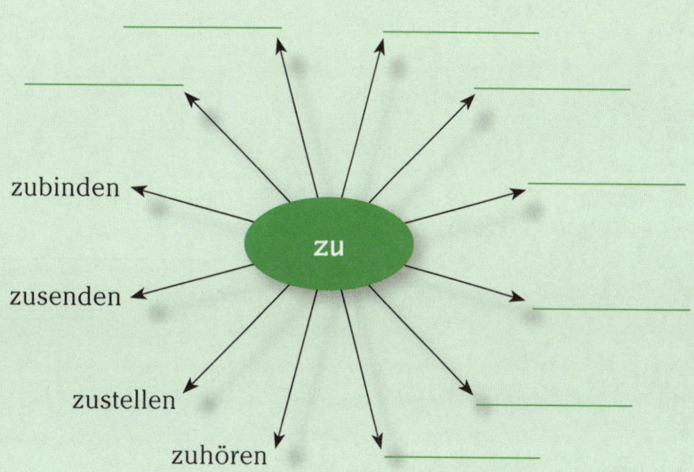

9 Wer kann den „verzauberten“ Text wieder „zurückverwandeln“? Schreibe ihn in die rechte Spalte oder auf ein Notizblatt.

DIEOBERHEXEWOLLTEDERKLEINENHEXESCHL
IMMZUSETZEN:SIEDROHTEIHRSIEDAMITZUBE
STRAFEN,DASSSIEDASHEXENFEUERERRICHTE
NMÜSSE.DIEKLEINEHEXEHATTEGENAUZUGEHÖ
RTUNDWEIGERTESICHNICHTZUGEHORCHEN.AL
LERDINGSHEXTESIEFÜRDENSCHEITERHAUFE
NDIEBESENUNDBÜCHERDERANDERENHEXE
NHERBEI.DIEKLEINEHEXEENTZÜNDETEDASF
EUERUNDDIEANDERENHEXENMUSSTENMITZ
USEHENWIEALLESVERBRANNTEUNDIHREZA
UBERKRAFTERLOSCH.VONNUNANWARDIEKLE
INEHEXEDIEEINZIGEHEXEAUFERDEN,DIEIND
ERLAGEWARZUHEXEN.

1 **Wiederhole die Regeln zu der Verbindung Nomen + Verb und fülle die Lücken richtig aus.**

Da die Regeln nicht immer helfen, solltest du Lösungen, bei denen du dir nicht sicher bist, mit dem Wörterbuch vergleichen.

Der Räuber Hotzenplotz

Da Otfried Preußler den Hotzenplotz schon in den 50er-Jahren geschrieben hat, kann mittlerweile schon die zweite Generation aus diesem Meisterwerk ________________ (Kraft + schöpfen).

Oft sind die Eltern noch mehr begeistert als ihre Kinder und sie ________________ (Fach + simpeln) über die kleinsten Details des drei Bände umfassenden Klassikers der Kinderliteratur.

Es beginnt alles mit Großmutters Kaffeemühle, die deren Lieblingslied spielen kann. Nichts kann diesen Verlust ________________ (Wett + machen), zumal sie ein Geburtstagsgeschenk von Kasperl und Seppel ist. Die beiden Helden wollen Großmutter helfen und lassen Wachtmeister Dimpfelmoser an der Verbrecherjagd ________________ (Teil + haben). Zwar sollte der Wachtmeister wissen, wie solche Fälle zu ________________ (Hand + haben) sind, allerdings trauen ihm Kasperl und Seppel nicht zu, den Räuber Hotzenplotz zu fangen. Mit einer List finden sie zwar seinen Unterschlupf, aber Hotzenplotz kann den Tricks der beiden durchaus ________________ (Stand + halten) und schließlich können die beiden nicht verhindern, dass sie dem Räuber in die ________________ (Falle + gehen). Nun müssen sie ________________ (Acht + geben), dass sie nicht die Chance verpassen, jemals wieder ________________ (Heim + kehren) zu können. Kasperl wird an den Zauberer Petrosilius Zwackelmann verkauft und muss dort ________________ (Haus + halten) und vor allem ________________ (Kartoffeln + schälen).

Ständig muss Zwackelmann seinen neuen Diener ____________________ (Maß + regeln), da Kasperl seinen Namen immer wieder falsch ausspricht. Als der Zauberer nach Buxtehude muss, entdeckt Kasperl im Keller die in eine Unke verzauberte Fee Amaryllis. Kasperl verspricht ihr Hilfe und kann ihr ____________________ (Mut + machen) durchzuhalten. Sie soll ihm das Geheimnis ihrer Erlösung ____________________ (Preis + geben). Als Kasperl weiß, wie man den ____________________ (Bann + brechen) kann, macht er sich auf den Weg, um das Feenkraut zu besorgen, obwohl er ____________________ (Gefahr + laufen) muss, von Zwackelmann entdeckt zu werden. Kasperl und Seppel gelingt es, Petrosilius Zwackelmann ____________________ (Irre + zu + führen), da sie ihre Hüte getauscht haben. So kann Zwackelmann nur Seppel und Hotzenplotz herbeizaubern. Kasperl kann die Prinzessin befreien und Hotzenplotz kann einem ____________________ (Leid + tun): Er wird in einen Gimpel verzaubert, da er die ____________________ (Schuld + haben) soll, dass Kasperls Mütze verbrannt wurde. Am Ende soll das Gute ____________________ (Recht + behalten): Zwackelmann landet im Unkenpfuhl, Hotzenplotz im Gefängnis und die Kaffeemühle wieder bei der Großmutter.

2 **Wiederhole die Regeln und fülle die Lücken richtig aus.**

Da die Regeln nicht immer helfen, solltest du Lösungen, bei denen du dir nicht sicher bist, mit dem Wörterbuch vergleichen.

Otfried Preußler, Krabat

Die Mühle im Koselbruch

Zur Zeit des Dreißigjährigen Kriegs zieht der vierzehnjährige Krabat in der Zeit zwischen Neujahr und dem Dreikönigstag mit zwei Freunden in der Gegend von Hoyerswerda von Dorf zu Dorf. Nur die Freundschaft kann den Verzweifelten noch ________________ (Kraft + geben). Als die Heiligen Drei Könige wollen sie ________________ (betteln + gehen) und tatsächlich können sie so dem Hunger ________________ (Stand + halten). Als die Buben am Abend nicht mehr weiter ________________ (gehen + können), übernachten sie in einer Schmiede. In dieser Nacht hat Krabat einen Traum:

Elf Raben sitzen auf einer Stange, auf der ein Platz leer ist. Eine Stimme ruft Krabat beim Namen und sagt ihm er solle ________________ (Heim + kommen) zu seiner Mühle im Koselbruch bei Schwarzkollm.

Dieser Traum wiederholt sich mehrmals, bis Krabat schließlich der Stimme folgt, obwohl es ihm nicht ________________ (leicht + fällt), seine Freunde ________________ (sitzen + zu + lassen). In der Mühle im Koselbruch begegnet Krabat dem Meister, bei dem er sich als Müllerlehrling verdingt. Er und der Meister vereinbaren, dass Krabat auch ________________ (zaubern + lernen) darf.

Dann befiehlt der Meister, dass Krabat ________________ (schlafen + gehen) soll. Als Krabat in der Nacht aufwacht, darf er die anderen Mühlknappen ________________ (kennen + lernen). Darunter sind Tonda, der Krabats engster Vertrauter wird, und der kauzige Juro, dessen Aufgabe es ist, in der Mühle zu ________________ (Haus + halten).

3 Wiederhole die Regeln und fülle die Lücken richtig aus.

Da die Regeln nicht immer helfen, solltest du Lösungen, bei denen du dir nicht sicher bist, mit dem Wörterbuch vergleichen.

Auf Krabats Bett findet sich ein Wäschepaket, das von seinem Vorgänger stammt. Krabat würde gerne mehr von seinem Vorgänger ________________ (wissen + wollen), doch der Meister unterbricht verärgert seine Fragen. Nach dem Frühstück muss Krabat die Mehlkammer ausfegen. Nach Stunden vergeblichen Mühens legt ihm Tonda die Hand auf die Schulter, wodurch er Krabat ________________ (Kraft + spenden) kann. Schließlich ist die Mehlkammer auf wundersame Weise blitzblank.

Langsam kann Krabat auf der Mühle ________________ (Fuß + fassen). Eine große Hilfe ist Tonda, der Krabat im richtigen Moment ________________ (Mut + macht) und der ihn beschützt, wenn die anderen Müllerburschen seinen Freund zu hart ________________ (Maß + regeln) wollen. Alles in allem ist Krabat mit seinem Los zufrieden: Er muss keine ________________ (Not + leiden) und kann ________________ (Essen + fassen), so viel er will.

Osterbräuche auf der Mühle

Am Karsamstag soll Tonda den Müllerburschen ________________ (Bescheid + sagen), dass alle ausgiebig vorzuschlafen haben. Nach einem reichlichen Essen – bei Anbruch der Osternacht – verlassen die Müllerburschen die Mühle. Krabat soll bei der ersten Osternacht in der Mühle keine ________________ (Angst + bekommen), weshalb ihm der Meister Tonda zur ________________ (Seite + stellt). Er und Krabat machen sich auf den Weg zu Bäumels Tod, einem Ort, an dem ein Mensch gewaltsam zu ________________ (Tode + gekommen) ist. Dort erklärt Tonda Krabat, dass sie die Osternacht unter freiem Himmel an dieser Stelle ________________ (verbringen +

müssen), bis der Morgen graut. Sie sitzen am Feuer, bis in der Mitte der Osternacht die Glocken zu ________________ (läuten + beginnen). Tonda erzählt von seiner Liebe zu einem Mädchen, das vor einem halben Jahr gestorben ist. Er rät Krabat eindringlich, dass er nie den Namen des Mädchens, das er liebt, in der Mühle ________________ (Preis + geben) darf.

Dann kommt der Moment, an dem sie sich das Mal der Bruderschaft mit einem Holzspan auf die Stirn ________ ________ (malen + müssen): den Drudenfuß. Schließlich ist es Zeit ________________ (Heim + zu + kehren).

In der Mühle empfängt sie der Meister und nimmt ihnen das Gelöbnis ab. Sodann machen sich alle an die Arbeit und beginnen ________________ (schwer + zu + arbeiten), bis ihnen der Schweiß von der Stirn in ________________ (Strömen + läuft). Plötzlich jedoch hält Tonda das Mahlwerk an, die Arbeit ist getan und alle beginnen zu feiern: Es gibt mit Quark und Zwetschgenmus gefüllte Osterküchlein und Wein in großen Kannen und es ist Zeit, ________________ (wild + zu + tanzen), ________________ (laut + zu + singen) und sich ________________ (schief + zu + lachen). Am Ostermontag nehmen alle die Arbeit wieder auf, die ihnen von nun an aber sehr ________________ (leicht + fällt).

Die zweite Osternacht in der Mühle

Krabat ist inzwischen als Müllerlehrling ________________ (frei + gesprochen) worden und verbringt nun schon das zweite Osterfest in der Mühle. Wieder müssen die Müllerburschen paarweise die ganze Nacht am Feuer ________________ (sitzen + bleiben), diesmal wird

Krabat von Juro begleitet. Um Mitternacht hört Krabat den betörenden Gesang von Kantorka, der ihn schon in der letzten Osternacht in den ________________ (Bann + gezogen) hat. Da er das Mädchen unbedingt ________________ (sehen + will), entschließt sich Krabat dazu, aus sich heraus zu gehen.

Vor dieser Kunst warnt der Meister ausdrücklich, denn wer seinen Körper verlassen hat, kann ________________ (Gefahr + laufen), nicht mehr hineinzufinden. Krabat betrachtet Kantorka zunächst aus der Ferne, dann will er ihr ganz ________________ (nahe + sein). Er sieht im Schein der Osterkerze, die Kantorka vor sich herträgt und in die sie blickt, die Schönheit ihrer Augen. Jetzt würde es ihm ________________ (leicht + fallen) sie zu berühren. Die Rückkehr in seinen Körper wäre beinahe ________________ (schief + gegangen), nur ein bloßer Zufall rettet ihn und er und Juro ________________ (Brand + marken) sich dem Brauch gemäß mit dem Drudenfuß. Wie im Vorjahr müssen die Burschen vor der Osterfeier in der Mahlstube ________________ (hart + arbeiten). Während der Feier muss Andrusch ________________ (Geschichten + erzählen). Er beginnt damit, wie der Mühlknappe Pumhutt einen Müller bestraft, der seine Burschen ________________ (schlecht + behandelt). Pumphutt erfährt von den Müllerburschen von Schleife, dass es vor allem am Essen hapert. Nach kurzer Zeit zwingt er den Obermüller zur Besserung, indem er dessen Mühle ________________ (lahm + legt). Der Obermüller muss die Müllerburschen ________________ (besser + verköstigen), erst dann wird Pumphutt die Mühle wieder ______________ (laufen + lassen). So geschieht es und seither geht es den Burschen der Obermühle in Schleife wieder gut.

4 Vorschlag für nachhaltiges Üben:

Auf der prall gefüllten Kiste steht zwar nicht „Vorsicht Gold" wie im *Räuber Hotzenplotz,* allerdings könnte die Kiste für dich Gold wert sein, wenn du die Übersicht dazu nutzt, dir nochmals einen genauen Überblick über das schwierige Kapitel „Getrennt- und Zusammenschreibung" zu verschaffen.

Besorge dir Karteikarten im Format DIN A8. Schlage die Wörter aus der Übersicht nochmals im Wörterbuch nach. Schreibe die korrekte Schreibung auf je eine Karteikarte. Sieh dir die Karteikarten in regelmäßigen Abständen durch und präge dir das Schriftbild ein.
Du kannst mit einer Freundin/einem Freund üben, indem ihr euch gegenseitig die Wörter diktiert und eure Lösungen anschließend mit der Schreibung auf den Karteikärtchen vergleicht.

Übrigens: PC-Fans können an Stelle der Karteikarten auch eine Datei anlegen.

Bericht + erstatten; Bruch + rechnen; Ski + fahren; Berg + steigen; Schlittschuh + laufen; Auto + fahren; Fußball + spielen; Not + landen; Schlaf + wandeln; Rad + fahren; Dialekt + sprechen; Hand + haben; Irre + führen; Brand + marken; Gefahr + laufen; Seil + springen; Brust + schwimmen; Schlange + stehen; Lob + preisen; Teil + nehmen; Eis + laufen; Klavier + spielen; Kopf + stehen; Teil + haben; Maß + regeln; Kuchen + backen; Not + tun; Leid + tun; Schluss + folgern; Bescheid + sagen; Kraft + tanken/geben/spenden; Stand + halten; Preis + geben; Angst + bekommen/haben; Wett + machen/streiten/laufen/; Heim + kommen/kehren; Schuld + haben; Probe + fahren; Sonnen + baden; Segel + fliegen; Acht + geben; Recht + haben; Seil + tanzen; Statt + geben; Fach + simpeln; Haus + halten; Fuß + fassen; Mut + machen

warm + anziehen; leicht + verdauen; schwarz + arbeiten; lahm + legen; satt + haben; klein + schneiden; warm + machen/halten; schmutzig + machen; schief + lachen; schön + reden; scharf + einstellen; rot + unterstreichen; krumm + nehmen; bloß + strampeln; kalt + lassen; kalt + lächeln; wahr + sagen; hell + strahlen; bloß + stellen; leicht + atmen/lernen; kalt + bleiben; dicht + halten

Folgende Wendungen haben eine jeweils andere Bedeutung, wenn sie getrennt beziehungsweise zusammengeschrieben werden:
blau + machen; fest + binden; frei + halten; frei + sprechen; gerade + stehen; leicht + fallen; locker + machen; schief + gehen; schön + reden

Check

7 Getrennt- und Zusammenschreibung

Entscheide, ob du getrennt oder zusammenschreiben musst.

Da es sich um den Check handelt, macht es zunächst keinen Sinn, im Wörterbuch nachzuschlagen, denn du willst ja wissen, inwieweit du den Stoff beherrschst.

Wenn du wissen möchtest, ob du auch im Otfried-Preußler-Quiz die richtigen Namen und Antworten gewusst hättest, schlage auf Seite 116 nach.

Das-Otfried-Preußler-Quiz

1. Als die kleine Hexe auf dem Blocksberg ________ ________ (tanzen + gehen) will, versucht sie ihr treuer Rabe (?) zurückzuhalten.

2. Der beste Freund des kleinen Wassermanns, der oft ________________ (Angst + bekommt), weil der kleine Wassermann so unbekümmert und mutig ist, ist der Karpfen (?).

3. Kasperl und Seppel, die bayerischen ________ ________ (Dialekt + sprechen), haben der Großmutter eine Kaffeemühle geschenkt, die das Lied (?) spielen kann.

4. Auf der Holzkiste, mit der Kasperl und Seppel den Räuber Hotzenplotz ________________ (Irre + führen) wollen, steht die Aufschrift (?).

5. Es ist der größte Wunsch der kleinen Hexe an der Walpurgisnacht ________________ (Teil + nehmen) zu dürfen, doch die Wetterhexe (?) wird dies zu ________________ (verhindern + wissen).

6. Das kleine Gespenst, dessen bester Freund der Uhu (?) ist, will unbedingt nach der Geisterstunde ________________ (wach + bleiben).

7. Der Polizist (?) kann nicht mehr ________________ (Rad + fahren), da ihm Hotzenplotz sein Fahrrad gestohlen hat.

8. Erst wenn die Rathausuhr wieder ________________ (richtig + eingestellt) ist, wird das kleine Gespenst wieder ________________ (weiß + werden) und

auf die Burg (?) ________________ (zurückkehren + können).

9. Die Witwe (?) kann ________________ (wahr + sagen) und will dem Polizisten in der Kristallkugel zeigen, wo Kasperl und Seppel sind.

10. Das kleine Gespenst, das plötzlich nicht mehr als Gespenst ________________ (Schlaf + wandeln) kann, greift tagsüber den Darsteller des schwedischen Generals (?) an, was aber gründlich ________________ (schief + geht).

11. Der (?) alten kleinen Hexe darf bei den meisten Taten der Rabe hilfreich zur ________________ (Seite + stehen).

12. In *Hotzenplotz 3* will sich der Räuber nicht mehr mit Verbrechen die Hände ________________ (schmutzig + machen), er wird bürgerlich und eröffnet das Wirtshaus (?).

Welchen Titel hast du dir erarbeitet?
Vergleiche deine Ergebnisse mit den Lösungen und gib dir für jede richtige Entscheidung einen Raben.

In der Übersicht kannst du ablesen, wie gut du bist.

Höchstzahl der Raben: 16

König der Lüfte: 16–15 Raben = ca. 100 % bis 90 %
Du bist super! Du hast die Getrennt- und Zusammenschreibung prima im Griff! Gratulation!

Tapferer Rabe: 14–11 Raben = ca. 89 % bis 70 %
Gut gemacht! Die Regeln und Strategien zur Getrennt- und Zusammenschreibung sind dir weitgehend geläufig.

Mutiger Rabe: 10–8 Raben = ca. 69 % bis 50 %
Du bist teilweise schon ganz sicher, teilweise fehlt dir aber noch die Übung. Arbeite den Wissensteil nochmals sorgfältig durch!

Flügellahmer Rabe: 7–0 Raben = ca. 49 % bis 0 %
Leider bist du noch zu unsicher im Umgang mit der Getrennt- und Zusammenschreibung. Arbeite die komplette Einheit nochmals in aller Ruhe durch. Wetten, dass du anschließend deine Punktezahl deutlich steigern kannst?

Kurs

Seite 8–13

Aufgabe 1
Seite 8

1. Reimpaare zu s:
   - a Nase → Hase
   - b leise → Meise
   - c Haus → Maus
   - d Hast → Last
   - e Rose → Hose
   - f lesen → Wesen
   - g lösen → dösen
   - h brausen → sausen

2. Reimpaare zu ss:
   - a Kissen → Wissen
   - b essen → messen
   - c müssen → küssen
   - d Pass → Fass
   - e Kessel → Sessel
   - f Rüssel → Schüssel
   - g Schuss → Schluss
   - h Ross → Schloss

3. Reimpaare zu ß:
   - a Ruß → Gruß
   - b Floß → Schoß
   - c reißen → heißen
   - d Fleiß → heiß
   - e gießen → schließen
   - f Klöße → Größe
   - g Fließ (veraltet für Bach) → Grieß
   - h schließlich → verdrießlich

Aufgabe 2
Seite 9

fassen – lassen – Gassen – Massen – hassen – Rassen – prassen

Aufgabe 3
Seite 9

1	N	I	C	H	**T**	S		
			2	F	**A**	L	L	S
		3	A	U	**S**			
	4	F	A	S	**T**			
				5	**E**	S		
		6	L	I	**N**	K	S	

Lösungen 1 S-Laute, das – dass

Aufgabe 4
Seite 10

1. Reiseleiter, (ver-)reisen, Bildungsreise, Reisepass — **Reise** — Vergnügungsreise, Studienreise, reiselustig, Reisebus

2. Pass, passend, einpassen, Passform — **passen** — passgenau, Steilpass, verpasst, zusammenpassen

3. grüßen, begrüßen, gegrüßt, Grußkarte — **Gruß** — Weihnachtsgruß, Grußformel, Morgengruß, Geburtstagsgrüße

---

Aufgabe 5
Seite 11

Singular	Plural
Riss	Risse
Nuss	Nüsse
Engpass	Engpässe
Fessel	Fesseln
Einlass	Einlässe
Fass	Fässer
Fluss	Flüsse
Schüssel	Schüsseln

Aufgabe 6
Seite 11

1. Beim Kampf um Troja war das Schießen noch unbekannt. Die Gegner wurden nicht erschossen, sondern mit dem Schwert oder dem Speer getötet. Ausnahme war das Bogenschießen.
2. Beim Genießen eines gefüllten Spanferkels kam Odysseus eine Idee. Nachdem er den Festschmaus genossen hatte, teilte er den griechischen Kriegern seinen listigen Plan mit.
3. Odysseus durfte die Fesseln beim Gesang der Sirenen nicht zerreißen. Wären sie zerrissen, so wären er und seine Mannschaft verloren gewesen.
4. Der Zyklop Polyphem konnte seine Höhle mit einem Felsen schließen. So waren er und seine Tiere durch den geschlossenen Eingang geschützt.
5. Penelope beschließt, auf die Rückkehr des Odysseus zu warten. Dies hat auch Odysseus' Sohn Telemach so beschlossen. Ihr gemeinsamer Beschluss wird belohnt, als Odysseus nach 20 Jahren nach Ithaka heimkehrt.

Aufgabe 7
Seite 12

1. a Poseidon erklärte Zeus, er hasse Odysseus.
   b Das ist der Hase, den Telemach erlegt hat.
2. a Manche Krieger starben durch den Biss einer Schlange.
   b Es dauerte zwanzig Jahre, bis Odysseus heimkehrte.
3. a Poseidon ließ die Winde blasen.
   b Odysseus blickte in die blassen Gesichter seiner Gefährten.
4. a Für Odysseus war die Heimkehr zu Penelope ein Muss.
   b Auf dem Schiff ernährten sich die Krieger von Fleisch und vom Mus zerstampfter Früchte.
5. a Die griechischen Seefahrer waren blass um die Nasen.
   b Sie fürchteten, ihr Leben im nassen Grab des Meeres zu beenden.

Aufgabe 8
Seite 12

1. das Goldene Vlies
2. Atlas
3. Grieß
4. Kloß
5. Odyssee
6. die Musen (Göttinnen)
7. Asyl
8. Kosmos
9. Island
10. Großbritannien
11. Friesland
12. Hades
13. die Muße (freie Zeit)
14. nieseln

Aufgabe 9
Seite 13

1. Das (ein) Göttermahl, das (welches) im Olymp stattfand, wurde von Hermes organisiert.
2. Hermes flog zu den einzelnen Göttern und teilte ihnen mit, dass (kein Ersatz möglich) Zeus und seine Gattin Hera zum Mahle luden.
3. Der hinkende Waffenschmid Hephaistos, das (dies) war der Gott des Feuers, kam mit seiner schönen Frau Aphrodite.
4. Dass (kein Ersatz möglich) auch seine Brüder zu ihm kamen, das (dies) war Zeus besonders wichtig.
5. So kamen auch Poseidon und Hades. Hades, der Gott der Unterwelt, ließ seinen mehrköpfigen Hund Kerberos als Wächter zurück, dass (kein Ersatz möglich) niemand in den Hades eintreten oder daraus entkommen konnte.
6. Die Griechen brachten ihren Göttern Opfer dar. Das (ein), Tier, das (welches) als Opfer vorgesehen war, legten sie auf den Altar.
7. Im Inneren des Tempels, in der *Cella*, befand sich das (ein) Götterstandbild, das (welches) verehrt wurde.

Training

Seite 14–19

Aufgabe 1
Seite 14

1. Kissen, Ross, fressen, Riss, vermissen, hässlich, massig
2. Speise, weiß, heiß, Rose, Laus, Wiese, leise, Größe
3. ins, Wams, Linse, Franse, emsig, falls, Hans
4. Speise, strecken, spielen, sie, Salat, streng, Stab
5. Hindernis, Zeugnis, Geheimnis, Vermächtnis, Bekenntnis, Ärgernis, Bewandtnis

Aufgabe 2
Seite 14

s	*ss*	*ß*
Speise	passend	weiß
Wiese	Nässe	Maßband
grasig	Kassiererin	grüßen
grausam	Wasserfall	schließen
Greis	Esse	außerhalb
riesig	unpässlich	Stoßband
Schleuse	Masse	Grießknödel

Aufgabe 3
Seite 15

Die Olympischen Spiele

Auf antiken Vasen sind Darstellungen olympischer Disziplinen festgehalten. Die ersten Spiele fanden 776 v. Chr. zu Ehren des Göttervaters Zeus in Olympia statt. Zugelassen waren damals nur Griechen. Während der Spiele mussten die Waffen ruhen, der Gottesfriede dauerte so lange, bis alle Athleten und Zuseher angereist waren, er galt während der 5 Wettkampftage und schloss auch die Rückreise mit ein. Am ersten Tag leisteten die Teilnehmer vor der großen Zeusstatue ihren Eid und schworen, nicht gegen die Regeln zu verstoßen, Der zweite Tag begann mit dem Wettstreit der Trompeter. Unter tosendem Applaus fanden Wagenrennen, Diskuswurf, Speerwurf und ein 192 Meter umfassender Stadionlauf statt. Im Mittelpunkt des dritten Tages stand

eine Festprozession. Vor dem Altar des Zeustempels wurde gesungen und gebetet, abends gab es einen Opferschmaus. Der vorletzte Tag war geprägt vom Ringen und dem Faustkampf, am fünften und letzten Tag fand das Festessen der Sieger im Rathaus von Olympia statt.
Diesen ersten Spielen folgten zahlreiche Spiele. Beim Messen der Kräfte standen nicht persönliche Bestleistungen oder Rekorde der Superlative im Mittelpunkt, diese waren gewissermaßen vernachlässigbar, vielmehr ging es ausschließlich darum, Erster zu sein. Gleichzeitig aber rückte damals schon das gegenseitige Verständnis, der olympische Gedanke, ins Zentrum.
Der Schriftsteller Sokrates schieb im 4. Jahrhundert v. Chr.: „... Während des Festes bringen wir gemeinsam unsere Opfer dar, verrichten gemeinsam Gebete und werden uns dabei unseres gemeinsamen Ursprungs bewusst. Alte Freundschaften werden erneuert, neue Freundschaften werden geschlossen. So lernen wir uns gegenseitig besser verstehen. ..."
Im 4. Jahrhundert n. Chr. verbot der christliche Kaiser Theodosius die Spiele. Eineinhalb Jahrtausende später wurden die Spiele im Jahr 1896 durch den französischen Baron Pierre de Coubertin in Athen wiederbelebt. Im Jahre 1924 wurden die ersten Olympischen Winterspiele veranstaltet.

Aufgabe 4
Seite 16

Das sagenumwobene Troja

Die Schlacht um Troja ist nicht nur das erste, sondern wohl auch das eindrucksvollste Heldenepos des Abendlandes. Über die Ursachen gibt es verschiedene Spekulationen, aber Historiker sehen es als erwiesen, dass die Griechen neidisch auf Troja waren. Troja hatte eine ideale Lage: Das nordöstliche Mittelmeer war das Hoheitsgebiet der Griechen, das Gebiet, das sich im Osten anschloss, gehörte den Hethitern. Die Trojaner kontrollierten damit das gesamte Handelsgeschehen nach Nordosten und häuften durch Zwischenhandel enorme Reichtümer an. Es leuchtet ein, dass Griechenland nicht wollte, dass das so weiter geht. Zunächst war die Frage, ob die Hethiter das zulassen würden, dass die Griechen Troja angreifen und belagern. Dadurch, dass die Hethiter selbst im Süden und im Osten in Kämpfe mit den Assyrern und Ägyptern verstrickt waren, wurde die Ausgangslage erleichtert. König Menelaos, Agamemnon und Odysseus sahen das als günstige Gelegenheit und landeten mit mehr als hundert Schiffen an der Küste der Troas. Das Gespräch mit dem trojanischen Stadtherrn König Priamos, durch das die Griechen bessere Handelsbedingungen erreichen wollten, brachte keine Ergebnisse. Das Scheitern der Verhandlungen mit Priamos nahmen die Griechen zum Anlass, das militärische Ringen um Troja zu beginnen. Das hochgelegene, von unüberwindlichen Mauern umgebene Troja hatte dabei die bessere Ausgangslage. Doch das bremste nicht die Angrifflust der Griechen. Sie fielen in das fruchtbare Hinterland Trojas ein, um durch das Plündern und Zerstören von 28 mit Troja verbündeten Städten den Feinden die Versorgung abzuschneiden. Zunächst beeindruckte das die Trojaner wenig. Sie wussten, dass sie im Kampf gegen die Griechen alles geben mussten und dass die Vorräte noch eine Zeit lang ausreichen würden. Das war insgesamt doch beruhigend. Auch zeigte sich immer wieder, dass die befestigte Stadt ein Bollwerk war, das die Griechen nicht einnehmen konnten. Das Kampfgeschehen, in das sich mehr und mehr die Götter einmischten, forderte auf beiden Seiten Opfer, so starben Achilles und Hektor. Schließlich entschied die List des schlauen Odysseus den Kampf um Troja. Die Griechen bauten das berühmte Holzpferd, stellten das Geschenk vor die Stadt und täuschten ihren Rückzug vor. Aus dem Pferd, das die Trojaner voller Freude in ihre Stadt gezogen hatten, stiegen nachts griechische Kämpfer und öffneten das Stadttor. Das Blutbad, das nun folgte, und das Ende Trojas beschreibt der Dichter Homer in der „Ilias".

Aufgabe 5
Seite 18

Die Odyssee

Neben der *Ilias* ist die Odyssee das zweite Epos, das dem Griechen Homer zugeschrieben wird. Das Werk, das die Heimkehr des Königs Odysseus und seiner Gefährten aus dem Trojanischen Krieg erzählt, entstand im späten 8. Jahrhundert v. Chr.

Homer beginnt das dichterische Unternehmen mit der Anrufung der Muse.

Nachdem Odysseus und seine Männer Troja zehn Jahre belagert hatten, wollten sie nach ihrem Sieg schnell nach Hause. Doch die Götter hatten beschlossen, den von seiner Frau Penelope schmerzlich vermissten Helden erst auf Irrwegen heimkehren zu lassen.

So musste Odysseus sieben Jahre bei der Nymphe Kalypso ausharren. Schließlich forderte der Götterbote Hermes von der Nymphe, dass sie den König von Ithaka entlasse. Auf einem Floß, das Odysseus sich selbst gebaut hatte, verließ er die Insel Ogygia. Doch Poseidon, sein Widersacher, entfachte einen Sturm, so dass sich der Held gerade noch als Schiffbrüchiger auf die Insel Scheria retten konnte, wo er von Nausikaa und deren Vater König Alkinoos gastfreundlich empfangen wurde. Odysseus erzählte am Königshof zwei Abende lang seine Abenteuer:

Ein Erlebnis, das die Zuhörer ganz besonders beeindruckte, war die Landung auf der Insel der einäugigen Zyklopen. Der Zyklop Polyphem sperrte die Seefahrer in seine Höhle und drohte damit, dass er sie nacheinander auffresse. Odysseus erkannte schnell, dass seine ganze List gefragt war. Zunächst stellte er sich als „Niemand" vor. Die Griechen boten Polyphem starken Wein an und hofften, dass das Täuschungsmanöver gelinge. Tatsächlich berauschte der Wein den Zyklopen so sehr, dass dieser in tiefen Schlaf fiel. Mit einem glühenden Holzpfahl zerstörten die Männer Polyphems Auge. Als die anderen Zyklopen Polyphems Schmerzenschreie hörten, eilten sie herbei. Doch kehrten sie schnell wieder um, als sie erfuhren, dass „Niemand" ihn verletzt habe. Odysseus und seine Gefährten konnten Polyphem entkommen, indem sie sich an den Bauch der Schafe klammerten, die der Zyklop auf die Weide ließ. So passierten sie den mit einem Felsen verschlossenen Eingang des Verlieses, das das Scheusal bewachte, indem es die Rücken der Schafe betastete.

Check

Seite 20 – 21

Seite 20

Das Orakel – der griechische Blick in die Zukunft

1. Orakelstätten, wie das von Delphi, waren heilige Stätten. Wer dem Orakel eine Frage stellen wollte, musste dafür bezahlen.
2. Auch wurde erwartet, dass ein Opfer dargebracht wurde.
3. Schließlich hatte es sich eingebürgert, dass eine schwarze Ziege geopfert wurde.
4. Das Opfer, das meist von Helfern getötet wurde, wurde verbrannt.
5. Nach dem Opfer durfte der oder die Ratsuchende den Tempel betreten.
6. Im Tempelinneren saß die Pythia, das bedeutet Priesterin, auf einem Dreifuß.
7. Durch das Kauen von Lorbeerblättern und das Einatmen von Dämpfen, die aus der Erde kamen, geriet Pythia in eine Art Extase.
8. Sie stieß unverständliche und zum Teil scheußliche Laute aus. Das wurde von Priestern gedeutet und in Versform als Orakel aufgeschrieben.
9. Sowohl große Feldherrn als auch einfache Bauern suchten das Orakel auf, auf das sich die Griechen verließen.
10. Aus historischen Quellen weiß man heute das, was man vor zweieinhalb Jahrtausenden wissen wollte.
11. Oft waren die Weissagungen der Pythia doppeldeutig. Berüchtigt ist die Prophezeihung an König Krösus: „Wenn du den Fluss Halys überschreitest, wirst du ein großes Reich zerstören."
12. Daraufhin glaubte Krösus, dass das Glück auf seiner Seite wäre. Siegesgewiss zog der König von Lydien in den Krieg gegen die Perser und zerstörte ein riesiges Reich – nämlich sein eigenes!

Kurs

Seite 23–26

Aufgabe 2
Seite 23

Dehnungs-h	Doppelvokal	-ie	-ß
gefährlich	See	geschmiedet	reißen
unehrlich	feenhaft	gierig	
Jahre		verfielen	
fröhlich			

Aufgabe 3
Seite 23

mehrere Konsonanten	Doppelkonsonanten	-ck	-tz
Ring	geschaffen	Schreckensherrschaft	unschätzbar
unsichtbar	Herrscher		
Macht	verfällt		
Werkzeug	rettungslos		
vernichten	bekommt		

Aufgabe 4
Seite 24

Hier geht es um das Dehnungs-h.
Hohn, Mohn, Sohn, Lohn
Kahn, Bahn, Zahn, Hahn, Wahn
zahm, lahm, nahm, Rahm

Alle Wörter werden mit ie geschrieben.
Stier, hier, Bier, Tier, Zier, Gier
Siege, Wiege, Liege, Stiege, Ziege, Kriege
Siebe, Liebe, Triebe, Hiebe, Diebe

Doppelvokale und ß.
Tee, Fee, Klee, Schnee, See
Spaß, Maß, saß, Fraß

Doppelkonsonanten und Kurzvokal mit mehreren Konsonanten.
Sitte, Bitte, Mitte, Schnitte
Kasse, Gasse, Masse, Rasse, Tasse, Klasse
Sand, Strand, Brand, Hand, Rand, Wand, Band, Land

Und noch die Langvokale ohne Kennzeichen!
Beben, streben, heben, neben, weben, Leben

Aufgabe 5
Seite 25

Die geheime Botschaft:
Keinen Lohn, sondern nur Wahn bringt die Gier nach dem Ring mit sich. Kriege wurden geführt für ihn und so manche Diebe stahlen ihn: Sie erhofften sich Gold und Land. Doch sie gaben alle ihr Leben beim Versuch, den bösen Ring zu beherrschen.

Aufgabe 6
Seite 25

Frodo, nun, Auftrag, Stube, nur, beschwerlich, gut, Weg, lesen, schwer, Tag, lebensgefährlich, Bruder

Aufgabe 7
Seite 25

Im Text: Fuß, groß, maßlos, regelmäßig, beschließt
Nicht im Text: (Beispiele) Floß, Soße, Spaß, saß, Gruß, Ruß, Stoß, Straße, Buße, bloß

Aufgabe 8
Seite 26

Für Frodo und Samweis beginnt nun der unangenehme Teil der Reise. Ohne ihre staXrken Beschützer sind sie unterwegs nach Mordor und ihr Weg ist trostloXs, düster und gefährlich. Sie müssen die gruseligen Totensümpfe durchqueren und werden dabei von einem bedrohlichen Wesen verfolgt: Gollum.

Gollum war früher ein gewöhnlicher Mensch, aber nachdem er Jahre im Besitz des Rings war, ist aus ihm eine wahnsinnige und bösartige Kreatur geworden – immer getrieben von der unstillbaren GieXr nach dem Ring. Frodo gelingt es dennoch mühselig, zu Gollum ein Gefühl des Vertrauens aufzubauen und für eine Weile wandern sie zu dritt.

Am schwarzen ToXr, das nach Mordor führt, angelangt, müssen sie erkeXnnen, dass sie niemals hindurch gehen können, ohne getötet zu werden. Gollum bietet an, ihnen einen geheimen PfaXd zu zeigen, aber er lockt sie in eine heimtüXckische Falle: Frodo wird von einer uXralten Riesenspinne angegriffen und vergiftet, während Samweis von Gollum angefaXllen wird. Es sieht wahrlich nicht gut aus für die Mission der beiden. Werden sie es wohl schaffen, sich aus dieser ausweglosen Lage zu befreien und den unheimlichen Ring zu vernichten?

Aufgabe 9
Seite 26

unangenehm, gefährlich, bedrohlich, gewöhnlich, Jahre, wahnsinnig, mühselig, Gefühl, führt, während, wahrlich, wohl

Nicht im Text:
Beispiele: früh, Bohne, Sohn, Stahl, Wahl, Zahl, befehlen, stehlen, Fehler, verwehren, Lehrer, lahm, zahm, Fahrt, Lehm, rühren, nähen, mähen, fühlen, lohnen, ehrlich usw.

Training

Seite 27–30

Aufgabe 1
Seite 27

O: Boot, Brot, rot, Not, Moor, Rohr, Tor, Moos, Los, Zoo, Klo, froh, Floh
A: Haar, Schar, Paar, Saal, Mahl, Schal, Wahl (Wal), Qual, Saat, Tat, Staat, Rat
E: Wert, Pferd, Reh, See, Klee, Zeh, Schnee, leer, Meer, sehr, Speer

---

Aufgabe 2
Seite 27

Die Katze mit der schwarzen Tatze
fühlte großen Schmerz.
Ein kecker Kater brach im Scherz
ihr armes Katzenherz.

Sie seufzte und war krank,
ließ gar den Speck im Schrank
und wünschte sehnlich nur ein Stück
vom schmalzig-süßen Katzenglück.

Nach langer Qual erhob die Katz'
sich kurz von ihrem Fensterplatz
und fing mit einem weiten Satz
vom Dach den dicksten Spatz.

Aufgabe 3
Seite 28

Riese, nie, Tier, mies, Fieber, Sieb, Siebe, vier, Bier, Biene, Diesel, Diebe, Dieb, lieber, lieb, ziehen, Gier, gießen, fies, Liebe, hier, Kiefer, Kiesel

---

Aufgabe 4
Seite 28

Bild, Biest, Biss, Bitte, bieten, bieder, Diener, dick, Dienst, Dieb, Ding, finster, Finger, flicken, Kind, Linde, Mist, Niere, Riss, Rind, Rinne, Riegel, riesig, Sinn, Sitz, schicken, Tisch, Tier, Tinte, tief, Wiese, Wild, Wissen, Witz, wiegen, Ziegel, Zier, ziehen, Zimmer, Zimt, Zinn

---

Aufgabe 5
Seite 29

			R	O	C	K		
S	C	H	I	M	M	E	L	
S	C	H	N	E	C	K	E	
			G	A	S	S	E	
			G	O	C	K	E	L
		N	E	T	Z			
	B	L	I	T	Z			
			S	A	T	T		
			T	A	N	N	E	
		W	E	C	K	E	R	
		G	R	I	P	P	E	

Aufgabe 6
Seite 29

Klasse, Kloß, Floß, Fluss, Nase, nass, Nuss, Kasse, Kuss, Fass, Fuß, Straße, Strass, Stress, Bass, Bus, Boss, Biss, Buße, Hass, Hesse, Hose, Schuss, Schoß, Rose, Ross, Riss, Russe, Ruß

Aufgabe 7
Seite 30

- Ihr müsst Frodo fassen und ihm meinen Ring entreißen.
- Ihr erkennt Frodo an seinem entschlossenen Blick, dem wirren Haar und an seinen großen Füßen mit Pelz.
- Folgt ihm mit eurem Heer stumm und ohne Gebrüll im Schatten der Nacht und verliert seine Spur nicht.
- Meine schrecklichen und seelenlosen Ringgeister auf ihren fliegenden Rossen werden euch begleiten und unterstützen.
- Wählt die Mittagsstunden für den Angriff, aber nehmt euch vor der Macht des Zauberers Gandalf in Acht!
- Entreißt Frodo den Ring, schleudert eure Speere auf seine Gefährten und genießt euren Sieg, ihr tapferen Krieger!
- Überlasst den Ring nun dem Schutz meiner Ringgeister, die ihre Treue zu mir mit einem Schwur besiegelt haben.
- Euer Lohn wird ein unermesslicher Goldschatz sein.

Check

Seite 31

Seite 31

Sam hat es durch eine geniale Idee tatsächlich geschafft, sich zu befreien und Frodo zu retten. Ohne Nahrung und schutzlos schleppen sich die beiden durch die Leere und die Kälte von Mordor zu ihrem Ziel: den Schicksalsklüften.

Sie durchqueren so manchen Gra✗ben, so manchen Fluss und so manches To✗r, immer noch verfolgt von Gollum und einer Armee von Orks.

Am Fuß des Schicksalsberges kann der entkräftete und wa✗nkende Frodo nicht mehr widerstehen und ergibt sich der Macht des Ringes: anstatt den schrecklichen Ring im Feuer zu vernichten, steckt er ihn an seinen Finger. Ein fataler Fehler: Sofort erkennt Sauron seine wahre Absicht und hetzt Frodo seine Ringgeister nach.

Gleichzeitig kriecht auch Gollum aus seiner Deckung, brennend darauf, Frodo den Ring zu entreißen. Er fällt Frodo wild kreischend an und beißt ihm nach einem schmerzhaften Gerangel den Ring zusammen mit dem Finger ab.

Berauscht von seinem ersehnten Gewinn stürzt Gollum im Freudentaumel mit dem Ring in die höllische Feuerschlucht.

Damit ist Saurons Schreckensherrschaft beendet und der rechtmäßige König kann seinen Thron besteigen. Mittelerde ist gerettet. Samweis heiratet seine große Liebe Rosi und wie es mit Frodo weitergeht, solltest du unbedingt nachle✗sen!

Kurs

Seite 33–35

Aufgabe 1
Seite 33

Vogel, Pfarrer, Wal, Vier, Wolke, Fenster, Waage, Klavier, Fliege, Pfanne, Vulkan, Villa, Pflaume, Wiege, Fass

Aufgabe 2
Seite 33

V: Virus, Vitamin, Vater, Volk, Vollkornbrot
W: Wanne, Woge, Wolke, Witz, Werk
PF: Pfad, Pfund, Pfosten, Pfifferling, Pferdemist
F: Faust, Fall, Farbe, Fuchs, Finger

Aufgabe 3
Seite 33

w-Laut	f-Laut
November	Vorhang
Ventil	versäumen
Vegetarier	Motiv
Lavendel	kreativ
Verb	Vorteil
violett	vergessen
Revolver	Vieh
	Verkehr
	voll
	Vogelscheuche
	unvergessen
	Veilchen

Aufgabe 4
Seite 33

w-Laut	f-Laut
Virus	Verband
vital	Verhalten
Ventilator	viel
Violine	Vizeweltmeister
Vokal	Vorname

Dies sind Beispiele.

Aufgabe 5
Seite 34

Katastrophe, Philosophie, Phantom, Phase, physikalisch, Philipp, Strophe, Pharao, Philharmonie, Phänomen

Aufgabe 6
Seite 34

Vera, Ralph, Veronika, Frieda, Vanessa, Wolfgang, Valentin, Sophia, Ferdinand, Werner, Finn

Aufgabe 7
Seite 35

Jim Knopf und Lukas der Lokomotivführer

3 Der pfiffige Junge fühlt sich sehr wohl in seiner neuen Heimat, aber eines Tages ist die Insel zu klein für all die vielen Bewohner.
1 Per Post und ohne Vorankündigung kommt plötzlich ein schwarzer Junge auf die kleine und feine Insel Lummerland.
5 Nach langer und aufregender Seereise landen sie unverhofft in China, wo schon spannende Abenteuer auf sie warten.
2 Die verblüfften Bewohner nehmen ihn liebevoll auf und geben ihm den Namen Jim.
4 Jim und sein Freund Lukas verlassen daher die Insel mit der Lokomotive Emma.
7 Und zum Schluss finden sie sogar noch einen Weg, nach Lummerland zurückzukehren.
6 Sie treffen auf einen aggressiven Drachen und einen (zunächst) furchterregenden Scheinriesen. Am Ende retten sie sogar eine liebliche Prinzessin.

Training

Seite 36–37

Aufgabe 1
Seite 36

Momo

Momo ist eine der bekanntesten Figuren aus Michael Endes Feder. Sie ist eine Waise und lebt glücklich und bescheiden in der alten Ruine eines Amphitheaters. Auf den ersten Blick wirkt das Mädchen etwas verwahrlost, aber durch ihre Fähigkeit anderen zuzuhören und die richtigen Fragen zu stellen, hat sie viele Freunde, die sie mit Proviant und dem Nötigsten versorgen.
Alles ändert sich, als eines Tages grau gekleidete Herren in der Stadt auftauchen. Sie rauchen Zigarre und reden den Menschen ein, sie dürften keine Zeit mehr verschwenden, sondern müssten nur noch ihre Pflichten erledigen und nützliche Dinge tun. Für die schönen und positiven Momente bleibt keine Zeit mehr. Ein Friseur soll zum Beispiel nicht mehr mit seinen Kunden plaudern und seine alte Mutter, die er bisher täglich besucht hat, zur Pflege in ein Altenheim abschieben.

Auch Momo wollen die grauen Herren von der Zeitsparkasse zum Zeitsparen auffordern. Durch Momos Talent, wahrhaftige Gespräche zu führen, verplappert sich aber einer der nervösen Herren und verrät ihr das große Geheimnis: Diese Herren verbrauchen die gesparte Zeit für sich selbst: Sie leben von der angesparten Zeit der Menschen, indem sie getrocknete Stundenblumen (eine Stundenblume entspricht einer eingesparten Stunde) zu Zigarren rollen und rauchen. Die Menschen werden so um ihre Zeit betrogen, wollen das aber trotz Momos flehentlicher Warnungen nicht wahrhaben. Sie sparen fleißig Zeit und vergessen im Jetzt zu leben.

Als fast die ganze Welt von den grauen Herren kontrolliert wird, schaltet sich Meister Hora ein. Er ist der geheimnisvolle und weise Herr über die Zeit und hält diese an, um den grauen Herren den Zeitnachschub zu verwehren. Die Erde steht plötzlich still und es liegt nun an Momo, sie zu retten.

Ganz alleine, nur mit einer welkenden Stundenblume in der Hand und der hellseherischen Schildkröte Kassiopeia als Begleitung stellt sie sich mutig den grauen Herren entgegen …

Aufgabe 2
Seite 37

Die unendliche Geschichte

Der elfjährige Bastian Balthasar Bux befindet sich in einer unglücklichen Phase seines Lebens. Seine Mutter ist gestorben, mit seinem Vater versteht er sich nicht, Freunde hat er keine und in der Schule wird er nur gehänselt.
Bastian flüchtet sich in die Welt der Bücher und eines Tages fällt ihm ein Buch mit dem Titel „Die unendliche Geschichte" in die Hände. Es geht um ein wunderbares Reich namens F/Phantásien, das vor dem Untergang steht. Seine Herrscherin ist todkrank und es wird nach und nach von einem bedrohlichen Nichts verschlungen.
Bastian will es zunächst nicht wahrhaben, aber es stellt sich heraus, dass er den Fortgang der Geschichte beeinflussen kann. Er zögert lange und traut sich nicht zu, das wundervolle F/Phantásien zu retten. Doch kurz vor der Katastrophe fasst er sich ein Herz und greift ein. Er rettet die Herrscherin, indem er ihr einen Namen gibt. Und plötzlich befindet er sich mitten in der Handlung! Aber das ist erst der Anfang …

Check

Seite 38–39

Seite 38

Bastian Balthasar Bux

- [x] ist ein schüchterner Junge, der ein freudloses und einsames Dasein fristet.
- [ ] ist ein armer Tropf mit Zopf und hat seit vierzehn Jahren Schnupfen.
- [x] sehnt sich nach echten Freunden und der Liebe seines Vaters.
- [ ] ist ein weltbekannter Profisportler mit unbefristetem Vertrag und Privatjet.

Jim Knopf und Lukas der Lokomotivführer

- [x] sind liebenswerte und pfiffige Marionettenfiguren der Augsburger Puppenkiste.
- [x] verlassen wagemutig ihre Insel und ihren König Alfons den Viertelvorzwölften und treten eine gefährliche Seereise an.
- [ ] sind gefürchtete Seeräuber und entführen eine wunderliche Prinzessin mit Warzen und
- [ ] Dauerwelle.
- [ ] sind eine motivierte Nachwuchsband aus Skandinavien mit philosophischen Texten.
- [ ] sind überhaupt keine Vegetarier und jagen daher in ihrem Revier pfundige Pfingstochsen mit Pfeil und Bogen.

Momo

- [ ] ist eine winzige Kräuterhexe, die Zeitmaschinen fertigt, verzaubert und verkauft.
- [x] lebt in einer ungewöhnlichen Unterkunft und verbringt relativ viel Zeit mit ihren Freunden, denen sie intensiv zuhört.
- [x] ist eine tapfere kleine Heldin, die die ganze Welt rettet und dabei furchtlos ihr Leben riskiert.
- [ ] ist eine große Monstermotte mit vier Flügeln und einem violetten Kreuz vorne auf dem Bauch.

Lösungen 4 ä – äu – eu – ai

Kurs

Seite 41 – 43

Aufgabe 1
Seite 41

Dobby

Dobby taucht zu Beginn des zweiten Bandes auf und sorgt für einige Aufregung. Weil er großes Unheil fürchtet, versucht er täglich, Harrys Rückkehr ins Internat nach den Sommerferien zu verhindern. Dazu wählt er allerlei fragwürdige Methoden. Er fängt Harrys Briefe ab und schafft Chaos in Tante Petunias Haus, indem er Gäste erschreckt und belästigt.

Harry scheitert durch Dobbys Zauberei kläglich bei dem Versuch, den berühmten Hogwarts-Express am magischen Bahnsteig 9¾ zu besteigen. Verzweifelt benutzt er zusammen mit seinem Freund Ron ein fliegendes Auto, um von King's Cross nach Hogwarts zu gelangen. Leider verhält sich das Auto recht eigenwillig und will sich von den beiden nicht steuern lassen.

Und als ob das noch nicht genug Ärger und Aufregung gewesen wäre, bekommen die beiden abends noch von einem wütenden Baum Schläge.

Aufgabe 2
Seite 42

Hände – handlich, fängt – fangen, belästigt – Last, wählt – Wahl, kläglich – Klage, Schläge – schlagen, täglich – Tag, Ärger – arg, Gäste – gastlich, verhält – Verhalten

---

Aufgabe 3
Seite 42

Maus ➜ Mäuse
Haus ➜ Häuser
Laus ➜ Läuse
Gaul ➜ Gäule
Maul ➜ Mäuler
Haut ➜ Häute
Braut ➜ Bräute
Sau ➜ Säue
Faust ➜ Fäuste

Aufgabe 4
Seite 42

Schaum ➜ Schäume
Baum ➜ Bäume
Traum ➜ Träume
Raum ➜ Räume
Saum ➜ Säume

Aufgabe 5
Seite 43

Schläger: schlagen
Jäger: jagen
Träger: tragen
Kläger: klagen

Aufgabe 6
Seite 43

Fräulein – bläulich – läuten – Läufer – Räuber – käuflich – bestäuben – erträumen – Täufling – Fäulnis – Gebräu – säuerlich – Mäuerchen – Fäustlinge – Enttäuschung – Sträuße – Geräusch – äußerlich – gehäuft – Läuse

---

Aufgabe 7
Seite 43

Heu – neu – scheu
heute – Leute – Beute

Lösungen

4 ä – äu – eu – ai

Training

Seite 44–45

Aufgabe 1
Seite 44

Kreuz – Reue – Scheuklappen – beteuern – Neugier – getreu – leuchten – heulen – deuten – streuen – Feuer – schleudern – Deutschland

Aufgabe 2
Seite 44

Beispiel:
Eugen hat eine Beule am Kopf, die ihm sein Freund neulich mit der Keule beigebracht hat.

Aufgabe 3
Seite 44

Lecker!

Harry isst sich auf Hogwarts, wo die erlesensten Leckereien und kulinarische Träume aufgetischt werden, immer tüchtig satt. All die Jahre bei Petunias scheußlicher Familie musste er häufig hungern, während das Scheusal Dudley, Petunias heuchlerischer Sohn, fetter und fetter wurde. Doch nicht immer hat Harry es mit Leckerbissen und Köstlichkeiten zu tun: Mit ungläubigem Staunen isst er im Hogwarts-Express zum ersten Mal in seinem Leben Berti Botts Bohnen. Diese gibt es in jeder Geschmacksrichtung, sei sie noch so ungeheuerlich oder abscheulich: Das Teufelszeug sieht äußerlich harmlos aus, schmeckt aber nicht selten nach Ohrenschmalz oder gar Erbrochenem. Igitt!

Schokofrösche dagegen sind keine Enttäuschung, sondern äußerst lecker und sie schmelzen zart auf der Zunge. Vorausgesetzt, man steckt sie schleunigst in den Mund. Sonst kann es passieren, dass sie hurtig wie Heuschrecken davonhüpfen und auf Nimmerwiedersehen verschwinden …

Aufgabe 5
Seite 45

S	ai	t	e	
L	ai	e		
W	ai	s	e	
K	ai	s	e	r
L	ai	c	h	
H	ai			
M	ai	s		
L	ai	b		
K	ai			
M	ai			
T	ai	f	u	n

Aufgabe 6
Seite 45

Beispiel:
Der alte Hein
reibt Wein vom Main
bei Schmerz und Pein
auf sein steifes Bein!

Check

Seite 46–47

Seite 46

Hagrid

Rubeus Hagrid ist Harry, Ron und Hermine ein echter und treuer Freund. In Harrys Leben spielt er eine besondere Rolle: Er hat das Waisenkind nach dem Tod seiner Eltern zu seiner Tante in Sicherheit gebracht und – als klar war, dass sich alle in Petunia getäuscht hatten – an seinem 11. Geburtstag von dort wieder befreit.

Hagrid ist halb Mensch halb Riese und nahezu doppelt so groß wie Harry. Seine äußere Erscheinung ist riesenhaft, bärtig und etwas verzottelt, aber er ist sanft, gutgläubig und er hat ein großes Herz. Sein ganzer Stolz ist ein ungeheuer großes, geräuschvoll fliegendes Motorrad, mit dem er unermüdlich für die guten Mächte kämpft.

Auf Hogwarts sieht Hagrid nach dem Wald und betreut das Wild. Seine größte Schwäche sind unkontrollierbare und wilde Tiere, die er sogar heimlich als Haustiere hält. Gefährliche, Feuer speiende Drachen und grässliche Giftspinnen in der Größe von Kälbern findet er harmlos, süß und ganz entzückend.

Im ersten Band kommt Hagrid an ein Drachenei. Zunächst freut sich Hagrid über den Norwegischen Stachelbuckel, nennt ihn liebevoll Norbert und kümmert sich rührend um das Tierchen. Als sich aber mehr als deutlich herausstellt, dass Norbert eine aggressive und räuberische Bestie ist, bereut Hagrid, ihn verbotenerweise aufgezogen zu haben und gibt ihn schweren Herzens an ein rumänisches Drachenreservat ab.

Kurs Seite 49–51

Aufgabe 1
Seite 49

laufen:	belaufen, entlaufen, herlaufen, unterlaufen, zerlaufen, ablaufen, überlaufen, anlaufen, auslaufen, verlaufen, zulaufen, nachlaufen, auflaufen, hinlaufen
halten:	behalten, enthalten, herhalten, unterhalten, erhalten, abhalten, anhalten, aushalten, vorhalten, zuhalten, aufhalten, hinhalten
werfen:	bewerfen, entwerfen, unterwerfen, abwerfen, überwerfen, auswerfen, verwerfen, vorwerfen, zuwerfen, umwerfen, nachwerfen, aufwerfen, hinwerfen
stellen:	bestellen, entstellen, herstellen, unterstellen, erstellen, abstellen, überstellen, anstellen, ausstellen, verstellen, vorstellen, zustellen, umstellen, nachstellen, aufstellen, hinstellen
sprechen:	besprechen, entsprechen, absprechen, ansprechen, aussprechen, versprechen, vorsprechen, nachsprechen

a

über-	unter-
vor-	nach-
ein-	aus-

b

ent-	entwässern, entsaften, entsagen, entlasten, entledigen, enterben
Bedeutung:	etwas wegnehmen
miss-	misslingen, misstrauen, missachten, missverstehen, missfallen
Bedeutung:	nicht oder falsch verstehen, nicht achten usw.

Aufgabe 2
Seite 50

die Mühe ➜ mühsam
das Märchen ➜ märchenhaft
die Trauer ➜ traurig
die Lust ➜ lustig
die Ruhe ➜ ruhig
der Sturm ➜ stürmisch
der Regen ➜ regnerisch
der Spott ➜ spöttisch
der Hohn ➜ höhnisch
der Narr ➜ närrisch
die List ➜ listig
die Nacht ➜ nächtlich
wach ➜ wachsam
erholen ➜ erholsam
der Himmel ➜ himmlisch
das Rätsel ➜ rätselhaft
der Ärger ➜ ärgerlich
das Ende ➜ endlich
die Frau ➜ fraulich
leben ➜ lebhaft

Aufgabe 3
Seite 51

das Eigentum	
das Ereignis	die Begebenheit
die Meisterschaft	die Nahrung
die Ewigkeit	die Erziehung
die Erfahrung	die Gelegenheit
die Veranstaltung	die Erlaubnis
die Gemeinheit	das Hindernis
das Erlebnis	die Verwandtschaft
das Heiligtum	die Gesundheit
die Festung	die Einsamkeit

Training

Seite 52 – 55

Aufgabe 1
Seite 52

gehen: ausgehen, aufgehen, untergehen, übergehen, begehen, ergehen, abgehen, umgehen, zergehen, vergehen, entgehen, vorgehen, nachgehen usw.
geben: ausgeben, aufgeben, übergeben, begeben, ergeben, abgeben, umgeben, vergeben, vorgeben, nachgeben, zugeben usw.
sagen: aussagen, aufsagen, untersagen, absagen, versagen, entsagen, vorsagen, nachsagen, zusagen, ansagen usw.
stehen: ausstehen, aufstehen, unterstehen, bestehen, erstehen, abstehen, verstehen, entstehen, vorstehen, nachstehen, zustehen, anstehen usw.
fallen: ausfallen, auffallen, überfallen, befallen, abfallen, verfallen, entfallen, vorfallen, zufallen, anfallen usw.

Aufgabe 2
Seite 52

- Formelhafte Wendung zu Beginn: „Es war einmal …"
- keine genauen Orts- und Zeitangaben
- das Mädchen trägt keinen Namen
- übernatürliche Vorgänge/nichts ist unmöglich: Sterne fallen als Taler vom Himmel
- Lehre

Aufgabe 3
Seite 52

Hilf deinen Mitmenschen, sei ein guter Mensch und habe Gottvertrauen, dann wirst du belohnt werden!

Aufgabe 4
Seite 53

Es war einmal eine zauberhafte/liebliche Prinzessin, deren Haar war seidig und so schwarz wie Ebenholz. Sie wohnte bei sieben winzigen Zwergen, die für sie fleißig/emsig Stroh zu Gold sponnen und emsig/fleißig Linsen sortierten.

Jeden Morgen fütterte die Prinzessin die hungrigen Geißlein und den eitlen Kater, schüttelte die muffigen Betten auf und machte anschließend einen Spaziergang in den dunklen Wald zur Großmutter, die in einem Knusperhäuschen wohnte.

Dabei begegnete sie häufig einem wackeren Schneider, der ein kostbares goldenes Federvieh besaß. Dieser lud sie oft zu einem köstlichen Picknick an einem üppig gedeckten Tisch ein und weil er schwatzhaft war, erzählte er ihr stundenlang von seiner einsamen Schwester mit den langen blonden Zöpfen und seinem boshaften Bruder mit den drei goldenen Haaren.

Er war ein wenig verliebt in die liebliche/zauberhafte Prinzessin, allerdings hatte diese nur Augen für den grünlichen Frosch in ihrem Brunnen, weil sie vermutete, dass er ein verzauberter Drosselbart sei.

Leider konnte sie niemals herausfinden, ob sie damit richtig lag, weil sie sich an einer spitzigen Spindel stach und in einen hundertjährigen Schlaf fiel.

Aufgabe 4 a
Seite 53

Rotkäppchen
Schneewittchen
Rumpelstilzchen
Aschenputtel
Der Wolf und die sieben Geißlein
Der gestiefelte Kater
Frau Holle
Das tapfere Schneiderlein
Die goldene Gans
Tischlein deck dich
Rapunzel
Der Teufel mit den drei goldenen Haaren
Der Froschkönig
König Drosselbart
Dornröschen

Aufgabe 5
Seite 54

Beispiel:
Es war einmal eine böse Fee, die in einem alten Schloss im Wald wohnte. Wann immer ein Wandersmann vorbeizog, verwandelte sie ihn in ein Tier. So kam es, dass viele Tiere in ihrem Garten lebten und alle konnten sprechen.

Eines Tages kam ein armes Mädchen in den Wald. Es wollte Feuerholz sammeln. Da aber der Wald von der bösen Fee verzaubert war, verirrte sich das Mädchen und fand sich schließlich vor dem alten Schloss wieder.

Da hörte es eine freundliche Stimme: „Liebes Mädchen, geh schnell fort von hier!" Es sah sich um, aber es konnte niemanden entdecken. Wieder hörte es die Stimme und ging ihr nach. Plötzlich erblickte das Mädchen einen Esel. „Hast du mit mir gesprochen?", fragte es unsicher. „Ja," antwortete der Esel, „in diesem Wald können alle Tiere sprechen, weil wir von einer bösen Fee verzaubert sind. Ich zum Beispiel bin ein verwunschener Prinz. Aber nun geh, bevor dich die böse Fee entdeckt."

Das Mädchen hatte Mitleid und erwiderte: „Ich möchte euch helfen! Sag mir, was kann ich tun?" Der Esel dachte lange nach und antwortete: „Du bist ein gutes Mädchen. Bisher sind alle Menschen geflohen von diesem verfluchten Ort. Niemand wollte helfen. Es gibt tatsächlich einen Weg, uns zu retten, aber er ist gefährlich." Das Mädchen nickte.

„Dann soll es so sein", flüsterte der Esel. „Geh diesen Pfad hier entlang bis du an einen silbernen See kommst. Am Ufer des Sees findest du einen Ring. Nimm ihn an dich und bringe ihn her."

Das Mädchen tat wie geheißen und kehrte mit dem Ring zurück. Und als es damit die Tiere berührte, nahmen diese ihre ursprüngliche Gestalt wieder an. Die böse Fee hatte damit ihre Zauberkraft verloren und rannte schimpfend davon.

Da feierten die Geretteten ein großes Fest und der Esel, der inzwischen wieder ein hübscher Prinz war, nahm das Mädchen als seine Braut auf sein Schloss.

Und wenn sie nicht gestorben sind, dann leben sie noch heute.

Aufgabe 6
Seite 54

Aschenputtel: Schönheit, Freundlichkeit
Die Bremer Stadtmusikanten: Mehrheit, Bekanntschaft
Rumpelstilzchen: Ewigkeit, Eigenheit/Eigenschaft
Hänsel und Gretel: Verwandtschaft, Irrtum
Rapunzel: Einsamkeit, Seltenheit
Der Froschkönig: Behandlung, Erlösung
Hans im Glück: Mühsal, Redlichkeit
Das tapfere Schneiderlein: Trägheit, Erledigung
Die goldene Gans: Berührung, Reichtum
Der Fischer und seine Frau: Verdammnis, Schicksal
Der Wolf und die sieben Geißlein: Altertum, Rettung
Schneeweißchen und Rosenrot: Freundschaft, Ärgernis

Check

Seite 56–57

Aufgabe 1
Seite 56

Rauchkäppchen

Es war einmal ein missratenes kleines Mädchen, das rauchte so viel, dass sein Kopf immer in einer dichten Rauchschwade versteckt war. Man nannte es deshalb Rauchkäppchen.

Eines Tages wachte Rauchkäppchen auf, griff wie immer benommen nach der Zigarettenschachtel auf dem Nachtkästchen und musste erkennen, dass diese völlig leer war. Fluchend und hustend schlurfte Rauchkäppchen durch die ganze Hütte und suchte nach einer Frühstückszigarette. Doch das Schicksal wollte es, dass keine einzige zu finden war.

Missmutig machte sich Rauchkäppchen auf zum nächsten Zigarettenautomaten, in der Hand einen großen Weidenkorb um möglichst viele Zigaretten besorgen zu können.

Gerade als Rauchkäppchen den Automaten leer geräumt hatte, kam ein schwarzer Wolf des Weges und fragte listig: „Schönes Mädchen, haste mal 'ne Kippe für mich?"

„Schnorrer!", schimpfte Rauchkäppchen genervt/entnervt, gab dem Wolf einen heftigen Tritt und ging davon. Schließlich weiß doch jeder, dass man als Rauchkäppchen besser keine Bekanntschaft mit Wölfen macht!

Auf dem Rückweg zündete sich Rauchkäppchen gerade seine lang ersehnte Zigarette an, als es hinter sich ein tiefes unheimliches Röcheln hörte. Lächelnd drehte es sich um, weil es seine geliebte Großmutter sofort am Raucherhusten erkannt hatte. „Was hast du denn in deinem Körbchen, mein liebes Kind?", rasselte und röchelte die gute Großmutter. „Doch hoffentlich keinen Kuchen und keinen Wein?"

„Nein, nein, Großmutter", lachte das Rotkäppchen, „im Korb sind zwanzig Schachteln Zigaretten!" Danach wurde ihm schwarz vor Augen. Als es aus seiner tiefen Ohnmacht erwachte, hatte es eine schmerzhafte Riesenbeule am Hinterkopf und keine einzige Zigarette mehr. Dafür zogen dicke Rauchschwaden von Großmutters Häuschen im tiefen Wald herüber…

Aufgabe 2
Seite 56

Hier gibt es keine richtige oder falsche Lösung. Lass deiner Fantasie freien Lauf!

Beispiel:
Rotkäppchen beschloss, sein Leben zu ändern. Fortan ernährte es sich gesund, trieb Sport und rührte keine Zigarette mehr an. Es hatte bald frischen Atem und rosige Wangen und so verliebte sich ein hübscher junger Prinz unsterblich in sie.

In seiner Freizeit begleitete Rotkäppchen die Großmutter zu ihrer Selbsthilfegruppe „Gewalt ist keine Lösung" und setzte sich für den Schutz von Wölfen ein.

Und wenn sie nicht gestorben sind, dann leben sie noch heute.

Kurs

Seite 60–62

Aufgabe 1
Seite 60

(Artikel) + Nomen	Artikel + Adjektiv + Nomen	Pronomen + Nomen	Mengenwort + Nomen
Pippi Langstrumpf	eine große Goldkiste	ihr Äffchen	neun Jahre
die Villa Kunterbunt	ein furchtloser Kapitän	ihr Pferd	keine Schule
eine Südseeinsel	der stolze König	ihr Vater	zahllose Abenteuer
die Lust		ihre Freunde	

Aufgabe 2
Seite 60

Sechs: Pippi Langstrumpf, Villa Kunterbunt, Pippi, Tom, Annika, Pippi

Pippi Langstrumpf ist neun Jahre alt, bärenstark und lebt mit ihrem Äffchen, ihrem Pferd und einer großen Goldkiste in der Villa Kunterbunt. Ihr Vater ist ein furchtloser Kapitän und stolzer König auf einer Südseeinsel. Pippi besucht keine Schule und macht nur, wozu sie Lust hat. Ihre Freunde heißen Tom und Annika und sie begleiten Pippi auf zahllosen Abenteuern.

Aufgabe 3
Seite 60

Es handelt sich um Nomen, die aus Verben gebildet wurden.

Aufgabe 4
Seite 61

s	r	e	f	**t**	**a**	**n**	**z**	**e**	**n**	**s**	g	i
u	z	m	i	c	h	e	l	p	g	**i**	v	j
c	u	l	**s**	**p**	**i**	**e**	**l**	**e**	**n**	**n**	n	f
h	l	a	d	s	u	c	h	e	n	**g**	u	b
e	t	c	s	d	b	s	b	r	x	**e**	o	n
n	r	h	z	w	q	y	s	d	y	**n**	l	j
e	**r**	**e**	**d**	**e**	**n**	w	o	u	h	a	u	s
i	u	n	**j**	**a**	**m**	**m**	**e**	**r**	**n**	u	h	u

Beim Spielen kann ich alles um mich vergessen.
(z. B.)
Das Suchen nach Kastanien macht mir Spaß.
Dein ständiges Jammern hilft uns nicht weiter.
Zum Tanzen braucht man geeignete Schuhe.
Beim Reden sollte der Mund nicht voll sein.
Das Singen im Chor bereitet mir große Freude.

Aufgabe 5
Seite 61

Als Nomen werden gebraucht: Artikel und Adjektiv: 2, Präposition und Adjektiv: 2, Mengenwort und Adjektiv: 4

Viel Schönes bieten auch Astrid Lindgrens Erzählungen rund um die Kinder von Bullerbü, die bei Jung und Alt sehr beliebt sind. Bullerbü ist ein kleines schwedisches Dorf: nur drei Höfe, Wälder, Seen, das Blau des Himmels – und sieben Kinder. Die Glücklichen haben endlos lange Sommerferien und erleben jeden Tag viel Abenteuerliches und allerlei Aufregendes. Sie spielen einander die lustigsten Streiche, lauern im Dunkeln gruseligen Wassergeistern auf oder unternehmen spannende Nachtwanderungen. Das Lesen dieser Geschichten wird dir garantiert viel Spaß machen, weil sie etwas Besonderes sind. Also, los – Buch in der Bücherei besorgen und lesen!

Aufgabe 6
Seite 62

Groß oder klein?
ältere, Kleinste, Dummen, lustig, humorvoll, Beste, größten, Spannendes
Die zwei Sätze heißen: Worauf wartest du? Buch besorgen!

Aufgabe 7
Seite 62

Ersetze die Fragezeichen und trage die kompletten Wörter in die Tabelle ein!

mittags	am Mittag
am Nachmittag	den ganzen Nachmittag
heute	gegen Abend
zum Abend	heute Nacht
gegen Vormittag	ab morgen Vormittag

Training

Seite 63–67

Aufgabe 1
Seite 63

Villa Kunterbunt, 31. Februar

Sehr geehrtes Fräulein Prusseliese,

für Ihr Angebot, mir beim Umzug behilflich zu sein, bedanke ich mich sehr. Gerne wäre ich morgen Mittag in mein neues Zuhause gezogen, aber leider habe ich keine Zeit.

Das Übliche, Sie wissen schon: Das Putzen der Villa Kunterbunt, die Pflege der Tiere, das Hüten meines Goldschatzes – und dann muss ich mich auch noch um meine Nachbarn Tom und Annika kümmern. Die beiden nehmen das Leben oft allzu ernst.

Das Erledigen all dieser Pflichten und Aufgaben nimmt sehr viel Zeit in Anspruch. Das ist für Sie ja bestimmt nichts Neues, daher verstehen Sie auch sicherlich, dass es mir ebenfalls nicht möglich ist, morgens regelmäßig eine Schule zu besuchen. So gerne ich das auch täte! Zu meinem größten Leidwesen muss ich auf die menschliche Wärme im Kinderheim und auf die tägliche Bildung in der Schule verzichten.

Vielen Dank für Ihr ständiges Bemühen und Ihre Unterstützung.

Sollten Sie weitere Fragen haben oder etwas Wichtiges besprechen wollen, wenden Sie sich vertrauensvoll an mich.

Mit freundlichen Grüßen

Pippilotta Viktualia Rollgardina Pfefferminza Efraimstochter Langstrumpf

Aufgabe 2
Seite 64

Das Unfassbare war, dass Michel später Bürgermeister wurde.
Das Rechnen fällt Pippi gar nicht schwer.
Lasse geht morgens manchmal in den Stall.
150 Schulen in Deutschland tragen Astrid Lindgrens Namen.
Annika hat große Freude am Reiten.
Lisa fürchtet sich vor dem Heulen der Wassergeister.
Das Schaffen der schwedischen Autorin wurde vielfach ausgezeichnet.

Aufgabe 3
Seite 64

HÖLKHELKGBPASTRIDHQOIRGHMBÖBÜHLINDGRENSFJÖXPJNFOÄAJCWELTJHVFR UEHISTKCÄOVDERMVVNNAMEIFROLÖSJFZBRPQJLEINESUKLTHEMENPARKSIYAQUFJ INKLFHVLKSCHWEDEN.

ÄETDOTWDORTLFCHVFINDESTHWRHHNDUKFHGIHIDIEHRIVILLAFKUNTERBUNT OAUKUNDDJCNFDIENVGODREIKRFHGHÖFEBRJHBHVONNBNBULLERBÜ.

KVGKNEINLKJRBESUCHMVBLOHNTHVBEHBHBHISICH!

Aufgabe 4
Seite 66

Nomen aus Verben im Text:
das Fliegen
sein Handeln
das Lachen

Nomen aus Adjektiven im Text:
wenig Nettes
das Selbstsichere
das Eigenwillige

Aufgabe 5
Seite 67

Nenne fünf weitere Nomen, die ursprünglich Verben waren:
(z. B.)
das Lernen
sein Flüstern
ihr Grinsen
das Naschen
das Tuscheln

Nenne fünf weitere Nomen, die ursprünglich Adjektive waren:
(z. B.)
viel Gutes
das Erstaunliche
das Schreckliche
das Tragische
das Lustige

Aufgabe 6
Seite 67

Spielkarte oder Kartenspiel?:
der Kindertraum
das Kinderspiel
der Kinderreim
das Kinderlied
das Kinderfest
der Kinderfasching
der Kinderhort

Aufgabe 7
Seite 67

z. B.
Spielfeld
Spielfigur
Spielgeld
Spielfreude
Spielgefährte
Spielsachen
Spielwaren etc.

Check

Seite 68–69

Aufgabe 1
Seite 68

Das erste Wort eines Satzes und das erste Wort einer wörtlichen Rede werden großgeschrieben.

Außerdem schreibt man die Höflichkeitsanrede, Nomen und Eigennamen groß.

Hilfreich für das Erkennen von Nomen sind drei Proben:
Artikelprobe: Frage: Kann ein Artikel davor stehen?
Anfassprobe: Frage: Kannst du das Bezeichnete anfassen?
Endbausteinprobe: Frage: Hat das Wort die Nachsilbe nis, -tum, -schaft, -heit, -keit oder -ung?

Auch die Wortarten Verb und Adjektiv können als Nomen gebraucht werden.

Aufgabe 2
Seite 68

Ronja Räubertochter

Ronja ist ein ganz außergewöhnliches Geschöpf. Sie bewegt sich zwischen Geistern und Kobolden und liebt das Geheimnisvolle und Gefährliche, das sich im dunklen Dickicht des Waldes verbirgt.

Sie lebt mit ihrem Vater Mattis und ihrer Mutter Lovis in der Mattis-Festung – einer abenteuerlichen Burg, die vor Jahren vom Blitz in zwei Teile gespalten worden ist. Dort haust sie mit einer Horde wilder und rauflustiger Räuber, deren Hauptmann ihr Vater ist.

Eines Tages begegnet sie Birk Borka, dem Sohn einer verfeindeten Räubersippe, die sich im anderen Teil der Burg niedergelassen hat.

Doch statt gegen Birk und die Borkas zu kämpfen, wie es der Rest ihrer Räuberbande tut, freundet sich Ronja mit Birk an und unternimmt mit ihm lange Streifzüge durch den unheimlichen Wald. Sie lauschen dem Murmeln der Waldgeister und dem Rauschen der Wasserfälle und erkunden tiefe Schluchten und geheimnisvolle Höhlen.

Als der Räuberhauptmann Mattis erfährt, dass sich Ronja, sein ganzer Stolz, mit dem Sohn seines Erzrivalen angefreundet hat, ist er außer sich vor Wut und tobt entsetzlich.

Doch Ronja lässt sich von seinen Drohungen nicht beeindrucken und flieht mit Birk in den tiefen Wald, wo sie ein karges und entbehrungsreiches Dasein führen und wo ihnen schon bald der bitterkalte Winter droht.

Mit Hilfe von Ronjas weiser und liebevoller Mutter versöhnen sich die beiden eigensinnigen Dickköpfe Ronja und Mattis und auch die Räuberbanden beenden ihre jahrelange Feindschaft.

So ist es der kleinen Heldin durch ihr mutiges Handeln gelungen, fortan ein harmonisches und glückliches Leben führen zu können – mit allen Menschen, die sie liebt.

Kurs

Seite 72–78

Aufgabe 1
Seite 72

1. In ihrem kleinem Häuschen im tiefen Wald versteht sich die kleine Hexe zusammen mit ihrem Raben Abraxas hervorragend auf das Haushalten (Haus + halten).
2. Abraxas muss darauf Acht geben/achtgeben (Acht + geben), dass die kleine Hexe nicht zu viel Zeit mit dem Lernen verbringt.
3. Da die kleine Hexe erst 127 Jahre alt ist, darf sie noch nicht zur Walpurgisnacht kommen. Sie will aber auch in der Hexengemeinschaft Fuß fassen (Fuß + fassen) und so mischt sie sich unter die tanzenden Hexen.
4. Als die kleine Hexe entdeckt wird, schleppt sie die Wetterhexe Rumpumpel vor die Oberhexe, die die kleine Hexe maßregeln (Maß + regeln) soll.
5. Die meisten Hexen wollen, dass die Oberhexe die kleine Hexe als ‚schlechte Hexe' brandmarken (Brand + marken) soll.
6. Als die Oberhexe und die anderen Hexen ihr Bescheid sagen (Bescheid + sagen), weiß die kleine Hexe, dass sie mit einer harten Strafe rechnen muss.
7. Man nimmt ihr den Besen weg und sie braucht drei Tage und drei Nächte zum Heimkommen (Heim + kommen; ACHTUNG! Probe hilft hier nicht im Wörterbuch nachschlagen).
8. Dort eingetroffen muss sie Abraxas über die Ereignisse auf dem Blocksberg Bericht erstatten (Bericht + erstatten).
9. Nur die Aussicht, dass sie vielleicht an der nächsten Walpurgisnacht teilnehmen (Teil + nehmen; ACHTUNG! Probe hilft hier nicht im Wörterbuch nachschlagen) darf, kann der Hexe die nötige Kraft geben (Kraft + geben), um nach Hause zu kommen.
10. Die kleine Hexe und Abraxas schlussfolgern (Schluss + folgern) aus den Ausführungen der Oberhexe, dass die kleine Hexe nun ein Jahr alles daran setzen muss, eine „gute Hexe" zu werden.

Aufgabe 2
Seite 73

Paket 1

Nomen + Verb	
Getrenntschreibung	Zusammenschreibung
Ski fahren	notlanden
Gefahr laufen	bergsteigen
Probe fahren	seilspringen
Ski Not Berg Seil Gefahr Probe	springen fahren landen fahren steigen laufen

Paket 2

Nomen + Verb	
Getrenntschreibung	Zusammenschreibung
Dialekt sprechen	irreführen
Angst bekommen	leidtun
Kuchen backen	lobpreisen
Dialekt Irre Angst Leid Kuchen Lob	tun backen preisen sprechen bekommen führen

Paket 3

Nomen + Verb	
Getrenntschreibung	Zusammenschreibung
Fußball spielen	bruchrechnen
Schlange stehen	schlafwandeln
Rad fahren	preisgeben
Fußball Schlange Bruch Schlaf Rad Preis	stehen wandeln geben fahren rechnen spielen

Aufgabe 3
Seite 74

1. Besteht eine Verbindung aus zwei Verben, so wird in der Regel getrennt geschrieben.
2. Verbindungen mit „bleiben" und „lassen" als zweitem Bestandteil dürfen jedoch bei übertragener Bedeutung sowohl getrennt als auch zusammengeschrieben werden. Auch bei der Verbindung „kennen + lernen" sind beide Schreibweisen möglich.
3. Werden Verb + Verb-Verbindungen in Nomen verwandelt, so werden sie stets zusammen geschrieben.

Aufgabe 4
Seite 75

Beispiele zu 1.	Beispiele zu 2.	Beispiele zu 3.
2	1	3
4	6	5
8	7	9

Beispiele:
1. kennenlernen oder kennen lernen
2. bummeln gehen
3. das Lesenlernen
4. hexen lernen
5. das Spazierengehen
6. sitzenbleiben oder sitzen bleiben
7. gehenlassen oder gehen lassen
8. tanzen gehen
9. das Laufenlassen

Aufgabe 5
Seite 75

satthaben	leicht lernen
wahrsagen	scharf einstellen

Partizip Präsens Viele Hexen können wahrsagen. Wahrsagende Hexen findet man auf Märkten.

Die kleine Hexe konnte die Zauberei leicht lernen.
Partizip Perfekt Die kleine Hexe hat die Zauberei leicht gelernt.

Abraxas musste das Fernrohr scharf einstellen.
Partizip Perfekt Abraxas hatte das Fernrohr scharf eingestellt

---

Aufgabe 6
Seite 76

Vor dem Hexenrat

Ein Jahr lang hatte die kleine Hexe nur Gutes getan. Sie ließ beispielsweise die Augen der alten Weiber beim Holzsammeln hell strahlen (hell + strahlen), indem sie ihnen tüchtig half. Auch bändigte sie den Revierförster, ohne ihn bloßzustellen (bloß + zu + stellen). Auch einen Maroniverkäufer konnte sie sich warmhalten (warm + halten).

Die Nesträuber, die dem Nachwuchs in Abraxas' Familie an den Kragen wollten, mussten sich warm anziehen (warm + anziehen). Als sich die kleine Hexe vor dem Hexenrat verantworten sollte, konnte sie es sich nicht vorstellen, dass ihre vielen guten Taten die anderen Hexen kaltlassen (kalt + lassen). Doch zum Erstaunen der kleinen Hexe wurden ihr diese guten Taten krummgenommen (krumm + Partizip Perfekt von nehmen).

Schließlich jedoch war es die kleine Hexe, die sich am Schluss über all die bösen Hexen schieflachen (schief + lachen) durfte.

Aufgabe 7
Seite 77

Beispiele zu 2:
Im Vorstellungsgespräch konnte ich völlig frei sprechen.
Der Anwalt fordert, man solle seinen Mandanten freisprechen.

Beispiele zu 3:
Im Beatles-Film wollten die Blaumiesen die ganze Welt blau machen.
Andi und Luca wollten wegen des schönen Wetters blaumachen.

Beispiele zu 4:
Schön reden zu können war für die Römer eine Gabe der Götter.
Man sollte diese schlechten Leistungen nicht schönreden.

Beispiele zu 5:
Zum Orthopäden gehen viele Patienten, die schief gehen.
Bei unserer Abschlussfeier darf nichts schiefgehen.

Beispiele zu 6:
Bei deinem Wissen kannst du die Prüfung locker machen.
Kann Papa zum Volksfest nicht ein paar Euro lockermachen?

Beispiele zu 7:
Auf diesen wackligen Brettern kann ich nicht fest stehen.
Sobald die Testergebnisse feststehen, werden sie veröffentlicht.

Beispiele zu 8:
Dein Referat solltest du möglichst frei halten.
Beim Ausflug wird uns unser Trainer freihalten.

Beispiel zu 9:
Auf abschüssigem und rutschigem Untergrund kann man leicht fallen.
Der Abschied von meiner Klasse wird mir nicht leichtfallen.

Aufgabe 8
Seite 77

Weitere Beispiele für Verben mit „zu" als Vorsilbe:
zufallen, zuhängen, zugreifen, zuschlagen, zustimmen, zufüttern, zufügen, zusetzen, zuheilen, zuklappen, zuschnüren, zulegen

---

Aufgabe 9
Seite 78–85

„Zurückverwandelter" Text:

Die Oberhexe wollte der kleinen Hexe schlimm zusetzen: Sie drohte ihr sie damit zu bestrafen, dass sie das Hexenfeuer errichten müsse. Die kleine Hexe hatte genau zugehört und weigerte sich nicht zu gehorchen. Allerdings hexte sie für den Scheiterhaufen die Besen und Bücher der anderen Hexen herbei. Die kleine Hexe entzündete das Feuer und die anderen Hexen mussten mit zusehen, wie alles verbrannte und ihre Zauberkraft erlosch. Von nun an war die kleine Hexe die einzige Hexe auf Erden, die in der Lage war zu hexen.

Training

Seite 79–85

Aufgabe 1
Seite 79

Der Räuber Hotzenplotz

Da Otfried Preußler den Hotzenplotz schon in den 50er-Jahren geschrieben hat, kann mittlerweile schon die zweite Generation aus diesem Meisterwerk Kraft schöpfen (Kraft + schöpfen).

Oft sind die Eltern noch mehr begeistert als ihre Kinder und sie fachsimpeln (Fach + simpeln) über die kleinsten Details des drei Bände umfassenden Klassikers der Kinderliteratur.

Es beginnt alles mit Großmutters Kaffeemühle, die deren Lieblingslied spielen kann. Nichts kann diesen Verlust wettmachen (Wett + machen), zumal sie ein Geburtstagsgeschenk von Kasperl und Seppel ist. Die beiden Helden wollen Großmutter helfen und lassen Wachtmeister Dimpfelmoser an der Verbrecherjagd teilhaben (Teil + haben). Zwar sollte der Wachtmeister wissen, wie solche Fälle zu handhaben (Hand + haben) sind, allerdings trauen ihm Kasperl und Seppel nicht zu, den Räuber Hotzenplotz zu fangen. Mit einer List finden sie zwar seinen Unterschlupf, aber Hotzenplotz kann den Tricks der beiden durchaus standhalten (Stand + halten) und schließlich können die beiden nicht verhindern, dass sie dem Räuber in die Falle gehen (Falle + gehen). Nun müssen sie Acht geben (Acht + geben), dass sie nicht die Chance verpassen, jemals wieder heimkehren (Heim + kehren) zu können. Kasperl wird an den Zauberer Petrosilius Zwackelmann verkauft und muss dort haushalten (Haus + halten) und vor allem Kartoffelnschälen (Kartoffeln + schälen). Ständig muss Zwackelmann seinen neuen Diener maßregel (Maß + regeln), da Kasperl seinen Namen immer wieder falsch ausspricht. Als der Zauberer nach Buxtehude muss, entdeckt Kasperl im Keller die in eine Unke verzauberte Fee Amaryllis. Kasperl verspricht ihr Hilfe und kann ihr Mut machen (Mut + machen) durchzuhalten. Sie soll ihm das Geheimnis ihrer Erlösung preisgeben (Preis + geben). Als Kasperl weiß, wie man den Bann brechen (Bann + brechen) kann, macht er sich auf den Weg, um das Feenkraut zu besorgen, obwohl er Gefahr laufen (Gefahr + laufen) muss, von Zwackelmann entdeckt zu werden. Kasperl und Seppel gelingt es, Petrosilius Zwackelmann irrezuführen (Irre + zu + führen), da sie ihre Hüte getauscht haben. So kann Zwackelmann nur Seppel und Hotzenplotz herbeizaubern. Kasperl kann die Prinzessin befreien und Hotzenplotz kann einem leidtun (Leid + tun): Er wird in einen Gimpel verzaubert, da er die Schuld haben (Schuld + haben) soll, dass Kasperls Mütze verbrannt wurde. Am Ende soll das Gute Recht behalten (Recht + behalten): Zwackelmann landet im Unkenpfuhl, Hotzenplotz im Gefängnis und die Kaffeemühle wieder bei der Großmutter.

Aufgabe 2
Seite 81

Otfried Preußler: Krabat

Die Mühle im Koselbruch

Zur Zeit des Dreißigjährigen Kriegs zieht der vierzehnjährige Krabat in der Zeit zwischen Neujahr und dem Dreikönigstag mit zwei Freunden in der Gegend von Hoyerswerda von Dorf zu Dorf. Nur die Freundschaft kann den Verzweifelten noch Kraft geben (Kraft + geben). Als die Heiligen Drei Könige wollen sie betteln gehen (betteln + gehen) und tatsächlich können sie so dem Hunger standhalten (Stand + halten). Als die Buben am Abend nicht mehr weiter gehen können (gehen + können), übernachten sie in einer Schmiede. In dieser Nacht hat Krabat einen Traum: *Elf Raben sitzen auf einer Stange, auf der ein Platz leer ist. Eine Stimme ruft Krabat beim Namen und sagt ihm er solle heimkommen (Heim + kommen) zu seiner Mühle im Koselbruch bei Schwarzkollm.*

Dieser Traum wiederholt sich mehrmals, bis Krabat schließlich der Stimme folgt, obwohl es ihm nicht leichtfällt (leicht + fällt), seine Freunde sitzenzulassen (sitzen + zu + lassen). In der Mühle im Koselbruch begegnet Krabat dem Meister, bei dem er sich als Müllerlehrling verdingt. Er und der Meister vereinbaren, dass Krabat auch zaubern lernen (zaubern + lernen) darf.

Dann befiehlt der Meister, dass Krabat schlafen gehen (schlafen + gehen) soll. Als Krabat in der Nacht aufwacht, darf er die anderen Mühlknappen kennenlernen/kennen lernen (kennen + lernen). Darunter sind Tonda, der Krabats engster Vertrauter wird, und der kauzige Juro, dessen Aufgabe es ist, in der Mühle zu haushalten (Haus + halten).

Auf Krabats Bett findet sich ein Wäschepaket, das von seinem Vorgänger stammt. Krabat würde gerne mehr von seinem Vorgänger wissen wollen (wissen + wollen), doch der Meister unterbricht verärgert seine Fragen. Nach dem Frühstück muss Krabat die Mehlkammer ausfegen. Nach Stunden vergeblichen Mühens legt ihm Tonda die Hand auf die Schulter, wodurch er Krabat Kraft spenden (Kraft + spenden) kann. Schließlich ist die Mehlkammer auf wundersame Weise blitzblank.

Langsam kann Krabat auf der Mühle Fuß fassen (Fuß + fassen). Eine große Hilfe ist Tonda, der Krabat im richtigen Moment Mut macht (Mut + macht) und der ihn beschützt, wenn die anderen Müllerburschen seinen Freund zu hart maßregeln (Maß + regeln) wollen. Alles in allem ist Krabat mit seinem Los zufrieden: Er muss keine Not leiden (Not + leiden) und kann Essen fassen (Essen + fassen), so viel er will.

Aufgabe 3
Seite 82

Osterbräuche auf der Mühle

Am Karsamstag soll Tonda den Müllerburschen Bescheid sagen (Bescheid + sagen), dass alle ausgiebig vorzuschlafen haben. Nach einem reichlichen Essen – bei Anbruch der Osternacht – verlassen die Müllerburschen die Mühle. Krabat soll bei der ersten Osternacht in der Mühle keine Angst bekommen (Angst + bekommen), weshalb ihm der Meister Tonda zur Seite stellt (Seite + stellt). Er und Krabat machen sich auf den Weg zu Bäumels Tod, einem Ort, an dem ein Mensch gewaltsam zu Tode gekommen (Tode + gekommen) ist. Dort erklärt Tonda Krabat, dass sie die Osternacht unter freiem Himmel an dieser Stelle verbringen müssen (verbringen + müssen), bis der Morgen graut. Sie sitzen am Feuer, bis in der Mitte der Osternacht die Glocken zu läuten beginnen (läuten + beginnen). Tonda erzählt von seiner Liebe zu einem Mädchen, das vor einem halben Jahr gestorben ist. Er rät Krabat eindringlich, dass er nie den Namen des Mädchens, das er liebt, in der Mühle preisgeben (Preis + geben) darf.

Dann kommt der Moment, an dem sie sich das Mal der Bruderschaft mit einem Holzspan auf die Stirn malen müssen (malen + müssen): den Drudenfuß. Schließlich ist es Zeit heimzukehren (Heim + zu + kehren).

In der Mühle empfängt sie der Meister und nimmt ihnen das Gelöbnis ab. Sodann machen sich alle an die Arbeit und beginnen schwer zu arbeiten (schwer + zu + arbeiten), bis ihnen der Schweiß von der Stirn in Strömen läuft (Strömen + läuft). Plötzlich jedoch hält Tonda das Mahlwerk an, die Arbeit ist getan und alle beginnen zu feiern: Es gibt mit Quark und Zwetschgenmus gefüllte Osterküchlein und Wein in großen Kannen und es ist Zeit, wild zu tanzen (wild + zu + tanzen), laut zu singen (laut + zu + singen) und sich schiefzulachen (schief + zu + lachen). Am Ostermontag nehmen alle die Arbeit wieder auf, die ihnen von nun an aber sehr leichtfällt (leicht + fällt).

Die zweite Osternacht in der Mühle

Krabat ist inzwischen als Müllerlehrling freigesprochen (frei + gesprochen) worden und verbringt nun schon das zweite Osterfest in der Mühle. Wieder müssen die Müllerburschen paarweise die ganze Nacht am Feuer sitzen bleiben (sitzen + bleiben), diesmal wird Krabat von Juro begleitet. Um Mitternacht hört Krabat den betörenden Gesang von Kantorka, der ihn schon in der letzten Osternacht in den Bann gezogen (Bann + gezogen) hat. Da er das Mädchen unbedingt sehen will (sehen + will), entschließt sich Krabat dazu, aus sich heraus zu gehen.

Vor dieser Kunst warnt der Meister ausdrücklich, denn wer seinen Körper verlassen hat, kann Gefahr laufen (Gefahr + laufen), nicht mehr hineinzufinden. Krabat betrachtet Kantorka zunächst aus der Ferne, dann will er ihr ganz nahe sein (nahe + sein). Er sieht im Schein der Osterkerze, die Kantorka vor sich herträgt und in die sie blickt, die Schönheit ihrer Augen. Jetzt würde es ihm leichtfallen (leicht + fallen) sie zu berühren. Die Rückkehr in seinen Körper wäre beinahe schiefgegangen (schief + gegangen), nur ein bloßer Zufall rettet ihn und er und Juro brandmarken (Brand + marken) sich dem Brauch gemäß mit dem Drudenfuß. Wie im Vorjahr müssen die Burschen vor der Osterfeier in der Mahlstube hart arbeiten (hart + arbeiten). Während der Feier muss Andrusch Geschichten erzählen (Geschichten + erzählen). Er beginnt damit, wie der Mühlknappe Pumhutt einen Müller bestraft, der seine Burschen schlecht behandelt (schlecht + behandelt). Pumphutt erfährt von den Müllerburschen von Schleife, dass es vor allem am Essen hapert. Nach kurzer Zeit zwingt er den Obermüller zur Besserung, indem er dessen Mühle lahmgelegt (lahm + legt). Der Obermüller muss die Müllerburschen besser verköstigen (besser + verköstigen), erst dann wird Pumphutt die Mühle wieder laufen lassen (laufen + lassen). So geschieht es und seither geht es den Burschen der Obermühle in Schleife wieder gut.

Aufgabe 4
Seite 85

Bericht erstatten; bruchrechnen; Ski fahren; bergsteigen; Schlittschuh laufen; Auto fahren; Fußball spielen; notlanden; schlafwandeln; Rad fahren; Dialekt sprechen; handhaben; irreführen; brandmarken; Gefahr laufen; seilspringen; brustschwimmen/Brust schwimmen; Schlange stehen; lobpreisen; teilnehmen; eislaufen; Klavier spielen; kopfstehen; teilhaben; maßregeln; Kuchen backen; nottun; leidtun; schlussfolgern; Bescheid sagen; Kraft tanken/geben/spenden; standhalten; preisgeben; Angst bekommen/haben; wettmachen/-streiten/-laufen; heimkommen/-kehren; Schuld haben; Probe fahren; sonnenbaden; segelfliegen; achtgeben/Acht geben; Recht haben; seiltanzen; stattgeben; fachsimpeln; haushalten; Fuß fassen; Mut machen

warm anziehen; leicht verdauen; schwarzarbeiten; lahmlegen; satthaben; kleinschneiden/klein schneiden; warmmachen/warm machen; warm halten; schmutzig machen; schieflachen; scharf einstellen; rot unterstreichen; krummnehmen; bloß strampeln; kaltlassen; kalt lächeln; wahrsagen; hell strahlen; bloßstellen; leicht atmen/leicht lernen; kalt bleiben; dichthalten

Folgende Wendungen haben eine jeweils andere Bedeutung, wenn sie getrennt beziehungsweise zusammengeschrieben werden:
blau machen, blaumachen; fest binden, festbinden; frei halten, freihalten; frei sprechen, freisprechen; gerade stehen, geradestehen; leicht fallen, leichtfallen; locker machen, lockermachen; schief gehen, schiefgehen; schön reden, schönreden

Check

Seite 86–87

Seite 86

Das-Otfried-Preußler-Quiz

1. Als die kleine Hexe auf dem Blocksberg tanzen gehen (tanzen + gehen) will, versucht sie ihr treuer Rabe (?) zurückzuhalten.
2. Der beste Freund des kleinen Wassermanns, der oft Angst bekommt (Angst + bekommt), weil der kleine Wassermann so unbekümmert und mutig ist, ist der Karpfen (?).
3. Kasperl und Seppel, die bayerischen Dialekt sprechen (Dialekt + sprechen), haben der Großmutter eine Kaffeemühle geschenkt, die das Lied (?) spielen kann.
4. Auf der Holzkiste, mit der Kasperl und Seppel den Räuber Hotzenplotz irreführen (Irre + führen) wollen, steht die Aufschrift (?).
5. Es ist der größte Wunsch der kleinen Hexe an der Walpurgisnacht teilnehmen (Teil + nehmen) zu dürfen, doch die Wetterhexe (?) wird dies zu verhindern wissen (verhindern + wissen).
6. Das kleine Gespenst, dessen bester Freund der Uhu (?) ist, will unbedingt nach der Geisterstunde wach bleiben (wach + bleiben).
7. Der Polizist (?) kann nicht mehr Rad fahren (Rad + fahren), da ihm Hotzenplotz sein Fahrrad gestohlen hat.
8. Erst wenn die Rathausuhr wieder richtig eingestellt (richtig + eingestellt) ist, wird das kleine Gespenst wieder weiß werden (weiß + werden) und auf die Burg (?) zurückkehren können (zurückkehren + können).
9. Die Witwe (?) kann wahrsagen (wahr + sagen) und will dem Polizisten in der Kristallkugel zeigen, wo Kasperl und Seppel sind.
10. Das kleine Gespenst, das plötzlich nicht mehr als Gespenst schlafwandeln (Schlaf + wandeln) kann, greift tagsüber den Darsteller des schwedischen Generals (?) an, was aber gründlich schiefgeht (schief + geht).
11. Der (?) alten kleinen Hexe darf bei den meisten Taten der Rabe hilfreich zur Seite stehen (Seite + stehen).
12. In *Hotzenplotz 3* will sich der Räuber nicht mehr mit Verbrechen die Hände schmutzig machen (schmutzig + machen), er wird bürgerlich und eröffnet das Wirtshaus (?).

Lösungen zum Quiz:

1. Rabe Abraxas
2. Karpfen Cyprinus
3. Lied: Alles neu macht der Mai
4. Aufschrift: „Vorsicht Gold!"
5. Wetterhexe Rumpumpel
6. Uhu Schuhu
7. Polizist Dimpfelmoser
8. Burg Eulenstein
9. Witwe Schlotterbeck
10. General Torstensson
11. Alter: 127 Jahre
12. Wirtshaus „Zur Räuberhöhle"

Lucas „Spickzettel"

Luca hat eine interessante Lerntechnik entwickelt: Stoff, der zu lernen ist, wird auf einen „Spickzettel" geschrieben. Durch das Zusammenfassen und Aufschreiben prägen sich die Begriffe ein. Hier ihre „Spickzettel" für die Fachbegriffe aus der Grammatik:

Satzglieder

Subjekt = Satzgegenstand (Frage: wer oder was?)

Prädikat = Satzaussage (Frage: was „tut" das Subjekt?)

Genitivobjekt = Satzergänzung im 2. Fall (Frage: wessen?)

Dativobjekt = Satzergänzung im 3. Fall (Frage: wem?)

Akkusativobjekt = Satzergänzung im 4. Fall (Frage: wen oder was?)

Umstandsbestimmungen

Lokaladverbial = Umstandsbestimmung des Ortes

Temporaladverbial = Umstandsbestimmung der Zeit

Kausaladverbial = Umstandsbestimmung des Grundes

Modaladverbial = Umstandsbestimmung der Art und Weise

Wortarten

Verb = Zeitwort

Adjektiv = Eigenschaftswort

Adverb = Umstandswort

Pronomen = Fürwort

Numerale = Zahlwort

Nomen = Hauptwort

Artikel = Begleiter

Präposition = Verhältniswort

Konjunktion = Bindewort

Interjektion = Ausrufewort

Vermischtes

Singular = Einzahl

Plural = Mehrzahl

Vokal = Selbstlaut (a, e, i, o, u)

Konsonant = Mitlaut (b, c, d, f, g usw.)

Präfix = Vorsilbe

Suffix = Nachsilbe

Diphtong = Doppellaut (au, ai, eu, ei, äu, ie)

Umlaut (Umlaute von a, o und u sind ä, ö, und ü)

Konkretum (Plural: Konkreta) = Nomen, das etwas Gegenständliches bezeichnet

Abstraktum (Plural: Abstrakta) = Nomen, das etwas Nichtgegenständliches bezeichnet